JN411332

심장병 없는 세상을 꿈꾸다

심장병 없는 세상을 꿈꾸다

박영관

기파랑

목차

프롤로그

지난날을 되돌아보면 꿈을 꾸고 그 꿈을 따라가는 삶의 연속이었다. 나의 첫 번째 꿈은 농부였다. 고등학교 때 말을 타면서 '서부 영화에 나오는 것 같은 큰 농장을 운영하면서 씨를 뿌리고 수확을 하리라'는 꿈을 꾸며 농과대학에 가려 했다.

아버지의 권유로 의과대학으로 진로를 바꾸어 심장전문의가 된 이후 나의 꿈은 딱 한 가지, '심장병 없는 세상을 만들고 싶다'는 것이었다. 대학병원에 재직할 때 한국일보 기자와 함께 모금운동을 통해 심장병 어린이 수술을 하고 큰 보람을 느끼면서부터 시작된 꿈이다.

세종병원을 개원하면서 '심장병 없는 세상'을 실현하는 일에 한층 가까이 다가섰다. 대학병원 두세 군데만 심장병 수술이 가능할 때, 심장전문 개인병원을 설립한 것은 꿈이 있었기에 가능했다.

1982년 세종병원을 개원할 때만 해도 치료비가 없어서 수술 받지 못하는 선천성 심장병 어린이가 2만여 명에 이르렀다. 의료보험이 실시되고 많은 독지가들이 도움을 주셔서 1989년까지 대부분의 어린이가 수술 받을 수 있었다. 2만 여 명 가운데 3분의 1인 7,000여 명이 세종병원에서 치료받았다는 것을 기쁘게 생각한다. 그게 가능했던 것은 꼭 이루어질 거라는 확신을 갖고 꿈을 꾼 결과이다.

국내 심장병 어린이들의 수술이 거의 끝난 1989년부터 해외 어린이들의 심장병을 치료하고 싶다는 꿈을 꾸었고 그 결과 1,400여 명의 해외 어린이들의 심장을 치료해 주었다.

세종병원을 개원할 때 여러 가지 목표를 세웠는데 그 가운데 가장 중요한 것이 기초의학에 근거를 두고 병원을 발전시키겠다는 것이었다. 뺨을 맞아 가면서 죽은 환자의 심장을 구했고, 그렇게 확보한 선천성 심장병의 30여 가지 심장을 부검하고 연구한 결과 심장병 발전에 신기원을 이루었나.

꿈을 꾸고 노력했지만 이루어지지 않은 것들도 있다. 하지만 꿈을 꾸며 열심히 달렸다는데 의미가 있다. 사람들은 늘 새로운 목표를 세우고 달리는 나에게 '엉뚱한 생각을 많이 한다'고 했다. 꿈을 꾸고 열심히 달리면 그 엉뚱한 것이 실현되는 놀라운 일이 벌어진다.

나는 세종 가족들에게 "여러분들이 이상적으로 생각하는 것을 꿈꾸라, 실패를 두려워하지 말라, 한 번에 이루어지는 일은 많지 않다"고 독려한다. 나는 지금도 꿈을 조금씩 수정해 나가면서 목표를 향해 달리고 있다. 다만 완전히 엉뚱한 꿈을 꾸지 않도록 본인도 노력하고 주변에서도 관심을 가져야 한다.

부모는 자녀가 멋진 꿈을 꾸고 실현하도록 인도해야 할 의무가 있다. 시도한다고 하여 다 성공하는 것은 아니다. 실패하더라도 격려하고 칭찬하는 게 중요하다. 젊은 시절의 실패는 성공의 밑거름이기 때문이다. 실패가 두려워 행동하지 않으면 결코 발전할 수 없다. 실패를 거듭하다 보면 낙담하여 부정적이 되기 쉽다. 그럴 때는 더 큰 격려가 필요하다.

나의 삶을 되돌아보면 실패한 일도 많다. 하지만 꿈을 품고 열심히 달려오는 가운데 좋은 일들이 일어났다. 책을 읽는 분들이 꿈을 꾸고 그 꿈을 이루기 위해 열심히 달려 좋은 결실을 맺길 기원한다.

우촌 **박 영 관**

1부

家傳, 집안의 역사

家傳, 집안의 역사

본받고 싶은 아버지

출근을 위해 의복을 차려입고 거울을 보다 깜짝 놀랄 때가 있다. 이목구비와 훤해진 이마가 생전의 아버지와 너무나 닮았기 때문이다. 마치 아버지가 나를 바라보는 듯한 느낌이 들 때도 많다. 그럴 때면 아버지 보시기에 부끄럽지 않게 살아왔는지 되돌아보며 생각에 잠긴다. 매사에 최선을 다하셨던 아버지의 삶을 닮고자 열심히 달려왔다.

같은 세대의 사람들과 비교할 때 나는 모든 면에서 좋은 혜택을 누린 편이다. 헌신적이고 사랑이 많은 부모님을 만난 것은 내게 큰 행운이다. 거기에 현명한 아내와 결혼해 네 자녀를 얻었고, 자녀들이 우리 부부의 기대에 어긋나지 않게 잘 자라주었으니 그저 감사할 따름이다.

무엇보다 아버지와 나, 아들에 이르는 3대가 의업에 종사하게 된 일이 감사하다. 의사는 성취감이 큰 데다 다른 사람을 도울 수 있는 만큼 좋은 직업이라고 생각한다. 산부인과 전문의였던 아버지에 이어 나는 흉부외과 전문의이고 아들은 심장내과 전문의이다. 3대 의사이자 3대 박사라는 흔치 않은 기록을 갖게 되었다. 무엇보다도 심장분야 전문병원을 설립하고 발전시켜 나가는 것에 자부심과 사명감을 느낀다.

나는 1982년 세종병원을 설립하여 2013년까지 31년을 운영했다. 2008년 9월 아들 진식이 세종병원으로 왔고 2014년부터 이사장을 맡아 병원을 잘 이끌어가고 있다.

지금도 나는 일주일에 5일 일한다. 이틀은 인천 메디플렉스세종병원으로 출근하고 이틀은 부천 세종병원, 남은 하루는 부천시립노인병원으로 나간다.

의학적인 면은 아들이 책임지고 있으니 나는 시설에 관심을 기울이는 정도다. 병원을 돌면서 환자 입장에서 세세하게 바라보는 버릇이 생겼다. 현업에서 물러나니 병원을 객관적으로 보게 된다. 환자 입장에서 모든 걸 바라보셨던 아버지를 나도 모르게 따라하고 있는 것이다.

나의 아버지蕙園 朴鳳鉉는 아버지로서, 의사 선배로서 사랑과 존경을 받기에 합당한 분이시다. 내 삶의 모토가 되어주신 아버지가 무한히 자랑스럽다. 자신의 길을 뚜벅뚜벅 걸어가며 언제나 든든한 후원자이셨던 아버지를 생각하면 감사함으로 가슴이 벅차오른다.

우리 집안은 인근에 소문이 자자할 정도로 살림이 넉넉한 만석 부호였다. 하지만 1917년, 아버지가 7대 장손으로 태어났을 때는 가세가 기운 상황이었다. 200년 가까이 이어오던 부가 30여년 만에 다 사라졌다고 한다.

누대를 내려오면서 부와 명예를 유지하기란 매우 힘든 일이다. 어려운 살림이었지만 집안 어른들은 장손인 아버지를 대구고보(현 경북중학)에 진학시키셨다.

집안 어른들에게 순종적이셨던 아버지는 사실 반항적 기질이 넘치는 용맹한 청년이었다. 대구고보 4학년 때, 일본인 교장이 화장실에서 조선어를 사용한 학생을 교칙 위반으로 퇴학시킨 사건이 발생했다. 학생들은 조선 사람이 조선말 한 걸 빌미로 퇴학까지 시킨 건 괴한 처벌이라고 강하게 항의했다. 한 발 더 나아가 진짜 퇴출시켜야 할 사람은 일본인 교장이라며 교장축출 운동까지 벌였다. 학교에서는 바로 조사에 착수했고 결국 아버지가 이 일의 주모자라는 것이 밝혀져 퇴학을 당했다. 장손으로 집안의 기대를 한 몸에 받았던 아버지로서는 여간 난처한 일이 아니었다.

고 박봉현 선생의 대구고보 학창시절

식민지 학사법에 '반제운동으로 퇴학당한 학생은 국내 어느 학교로도 전학할 수 없다'고 명시되어 있었다. 아버지는 어떻게든 공부를 계속하기 위한 방법을 모색했다. 이런 저런 방법을 알아보던 중 아버지는 일본으로 밀항하면 학업을 이어갈 수 있다는 사실을 알게 되었다. 은밀하게 준비하여 일본에 무사히 도착한 아버지는 3개월간 그곳에 머물면서 일본학교 야간부에 입학했다. 아버지는 일본학교에서 재학증명서를 발부받자마자 바로 귀국했고 그 서류를 미션계통인 계성고보에 제출하여 다시 학생이 되었다.

아버지는 계성고보에서 오로지 공부에만 열중하여 경성제대에 응시했다. 1차에 합격했지만 기뻐할 겨를도 없이 반제운동 전력이 밝혀져 낙방하고 말았다. 실력이 있어도 경성제대에 갈 수 없다는 사실이 억울했지만 아버지는 굴하지 않고 다른 길을 모색했다. 다방면으로 알아보던 중 다행히 생명을 으뜸으로 여기는 대구의전(현 경북대 의대)에 응시해 합격했다.

혜원산부인과를 개원하다

아버지는 의전을 졸업한 후 일본 가고시마에 위치한 와카하라 산부인과 병원에 취직하셨다. 2층 건물에 병실이 20개 정도 되는 제법 큰 병원이었다. 1942년 우리 가족은 아버지를 따라 모두 일본으로 건너갔다. 우리 나이로 네 살이었던 나는 당시 풍경을 어렴풋이 기억하고 있다.

우리는 병원 경내에 있는 집에 살았다. 두 개의 방과 마루가 있는 깨끗한 집이었다. 우리 집과 병원은 복도로 연결되어 있었는데 깔개가 깔린 긴 복도를 맨발로 뛰어 다니며 놀았다. 유치원 가는 길에 벚꽃이 만개한 벚꽃 터널이 있었다. 어머니 손을 꼭 잡고 흩날리는 벚꽃을 보며 유치원 갈 때의 아름다운 풍경이 뇌리에 박혀 있다.

나중에 내가 세종병원을 개원하여 바쁘게 일할 때 어머니가 별안간 일본에 가보고 싶어 하셨다. 옆을 돌아볼 수 없을 만큼 바빴지만 조용한 성격인 어머니가 좀처럼 하지 않던 청을 하신지라 가족들과 함께 일본을 찾았다. 가고시마에 우리가 살았던 집과 병원이 흔적도 없이 사라져 서운했다. 다만 아버지가 출퇴근할 때마다 원수처럼 보았다는 사이코 다카모리 동상이 남아 있었다. 군인정치가로 정한론을 주장한 자였다. 수소문 끝에 와카하라 산부인과 병원장의 아들을 만났다. 그는 우리 가족을 극진히 대해주었다. 아버지와의 추억을 간직한 어머니에게도, 또한 꿈같았던 유년시절이 각인되어 있는 나에게도 와카하라 산부인과는 각별한 곳이다.

나의 아름다운 날은 그리 길지 않았다. 반일감정이 컸던 아버지가 1년여 만에 와카하라 산부인과 병원을 그만두고 무작정 부산으로 돌아오셨기 때문이다. 네 살 때 일본에 가서 일 년 몇 개월을 지내고 한국으로 돌아왔으니 내 나이가 얼추 여섯 살쯤 되었을 것이다. 단정하고 깔끔했던 일본 와카하라 병원 주변과 너무도 다른 부산은 지저분하고 남루한 느낌이었다. 환경이 달라졌다는 것을 어린 나이지만 바로 알 수 있었다.

아버지는 우선 할아버지께 도움을 청하셨다. 1년여 동안 일본에서 일했지만 개업을 하려면 도움이 필요했기 때문이다. 가세가 기울긴 했지만 어느 정도 살림을 갖고 계셨던 할아버지는 아버지의 요청을 단번에 거절하셨다. 장남을 꾸준히 뒷바라지해서 의사로 만든 할아버지로서는 어쩌면 당연한 결정이었을 것이다. 일본 병원에 취직해서 오래 있지 않고 1년 여 만에 돌아온 것도 마음에 들지 않았을 게다.

작은 방에 온 가족이 모여 살면서 끼니를 거를 때도 많았다. 어렸지만 '우리가 정말 가난하구나. 우리나라는 일본보다 못 사는구나' 하는 걸 저절로 깨달았다. 아침마다 깔끔한 옷을 입고 유치원에 가는 일은 꿈도 꿀 수 없었다. 한국에 와서 유치원은 구경도 못하고 그냥 놀다가 국민학교에 들어갔다.

다행히 아버지는 6개월 만에 일을 시작하셨다. 아버지가 옛날부터 알던 친구 분을 찾아가서 "병원 개업을 하고 싶으니 돈을 좀 융통해 달라"고 요청하자 그 분이 당시로서는 큰돈인 300만 환을 흔쾌히 빌려주었다. 의과대학을 나오고 일본 병원에서 일하고 온 아버지의 실력을 믿고 융통해 준 것이다.

서면에 작은 집을 마련한 아버지는 사과궤짝을 뜯은 나무판에 '이노우에 병원'이라고 써서 달았다. 병원이 많지 않던 시절이라 아버지 병원에 환자들이 꾸준히 찾아왔다. 병원을 금방 확장하여 이전했다. 1945년 광복이 되던 해 일본 의사가 본국으로 돌아가면서 두고 간 병원을 아버지가 인수한 것이다. 5개의 병실이 있는 적산가옥이었다.

아버지의 호를 따서 병원 이름을 '혜원산부인과'로 바꾸었다. 일본 와카하라 병원이 산부인과였으니 전공분야에 맞춰 개원한 것이다. 당시 부산에서 가장 사람들이 많이 모이는 곳은 국제시장이었다. 아버지 병원은 시장 한 복판에 있어 환자들이 늘 많았다. 아버지를 생각하면 병원에서 흰 가운을 입고 환자를 열심히 돌보시던 모습이 떠오른다.

1969년에 대창동의 대로변으로 다시 병원을 옮겼다. 병상이 10개나 되는 대창동 병원에서 아기들이 많이 태어났다. 돌아가시기 1년 전인 1974년까지 아버지는 대창동에서 혜원산부인과를 운영하셨다. 아버지는 서면 이노우에 병원, 신창동 혜원산부인과, 대창동 혜원산부인과까지 도합 30년 동안 병원을 운영하셨다.

어린시절 가족사진

아버지는 언제나 24시간 근무체제를 유지하셨다. 새벽이나 밤늦게 산모가 오면 바로 달려 나가셨다. 바둑이 취미지만 휴일에도 기원에 가는 대신 친구들을 초대해 집에서 바둑을 두실 정도였다. 언제 산모들이 올지 모르니 늘 대기상태였던 것이다. 환자를 먼저 생각하는 아버지의 삶을 지켜보면서 우리 형제들은 저절로 성실함을 배웠다.

아버지는 생전에 나에게 "어떤 의사가 되어야 한다"고 강요하지 않으셨다. 그냥 온몸으로 삶을 보여주셨다. 의사가 되라고 권했지만 어떤 과목을 선택하라고 강요하지도 않으셨다. 나는 아버지를 보면서 외과에 속하는 산부인과, 일반외과, 정형외과 중에서 선택해야겠다는 생각을 했고, 결국 흉부외과 의사가 되었다. 아들이 본받고 싶은 삶을 산 나의 아버지를 진심을 다해 존경한다. 그런 의미에서 내 아들이 심장내과 의사가 된 것이 감사하고 뿌듯하다.

'수분守分, 노력努力, 저축貯蓄'

아버지가 만드신 우리 집 가훈이다. '학생의 본분을 지켜(수분), 열심히 공부하여(노력), 내일을 준비하자(저축)'는 의미이다. 아버지는 수시로 우리에게 가훈을 강조하셨지만 어릴 때는 그 의미가 크게 다가오지 않았다.

내가 11세 때 전쟁이 났다. 한국전쟁을 인류 역사상 가장 참혹한 전쟁이라고 하는데 부산은 직접적인 침략을 받지 않아 우리는 별로 실감하지 못했다. 학교를 군대에 내주고 산기슭의 가마니 교실에서 공부할 때 사태가 심상치 않다는 걸 어렴풋이 알았다.

전쟁통에도 우리는 전쟁놀이와 구슬치기를 하며 뛰놀았다. 구슬치기를 하면 나는 늘 잃었으나, 연년생인 동생 태우는 언제나 따는 편이었다. 동생이 딴 구슬은 아버지가 반창고통으로 사용하는 원통박스에 보관했다. 어느 날, 아버지가 반창고를 찾기 위해 그 원통박스를 들어 올리는 순간 박스 밑이 터지면서 구슬이 사방으로 흩어졌다. 바닥에 구르는 구슬을 밟은 아버지가 미끄러지면서 팔목을 접질리고 말았다. 입을 옷이 마땅치 않아 군복차림이었던 아버지는 바지를 추스르고 앉아 말없이 우리 형제를 바라보셨다. 원통박스에 구슬을 주워 담는데 손이 마구 떨렸다. 통을 밀어놓고 무릎을 꿇자 아버지께서 질문하셨다.

"우리 가훈이 뭐냐?"

"수분, 노력, 저축입니다."

뜻밖에도 아버지는 조용히, 그러나 분명히 말씀하셨다.

"학생이 공부는 안하고 구슬치기만 열심히 해서 아버지 손목을 다치게 했다. 상을 줄까? 벌을 줄까?"

"벌을 받겠습니다."

"베란다에 나가서 꿇어앉아라."

아버지의 명령에 우리는 두 말없이 베란다로 나가 무릎을 꿇었다. 어둑어둑한 저녁, 천둥이 치고 번갯불이 번쩍이는 가운데 장대비가 쏟아졌다. 베란다라곤 하지만 요즘처럼 창문을 닫을 수 있는 쾌적한 공간이 아니었다. 비가 그대로 들이쳐 바닥에 빗물이 흥건했다. 바지는 흠뻑 젖었고 천둥소리에 깜짝 깜짝 놀라기도 했다. 우리가 벌을 받는 동안 아버지도 함께 비를 맞으며 베란다 한 귀퉁이에 서 계셨다. 한참을 있으니 다리뿐만 아니라 온몸에 감각이 없어졌지만 죄송한 마음에 천둥과 번개도 무섭지 않았다. 벌을 다 받기까지 함께하신 아버지의 모습을 떠올리면 지금도 가슴이 따뜻해진다. 잘못을 했을 때 가훈을 강조하며 분명한 체벌을 가한 아버지 덕분에 우리 육남매는 바른 길을 걸을 수 있었다.

내가 어릴 때 아버지께서 강조한 또 한 가지는 '뿌리'였다. 고향과 출생지, 현재 살고 있는 곳을 정확하게 짚어주신 아버지 덕분에 우리가 어떻게 살아야 할지 저절로 체득했다.

나는 시조대왕 박혁거세의 74세손이고 경북 청도군 이서면 수야동 입향조入鄕祖(어떤 마을에 맨 처음 터를 잡은 사람이나 조상)이신 소고공 건乾 어른으로부터 18세손이다. 소고공 의 10세손이신 상중 할아버지부터 맏이로만 세어 8세손이 된다. 아버지는 내가 중학교에 들어가자 우리 가문에 대한 얘기를 해주셨다.

"고향은 시간적, 공간적 의미를 갖는다. 선조들이 계셨기에 지금 우리가 존재하는 것이다. 이제 너도 교복을 입는 학생이 되었으니 올해부터는 시제時祭에 참석 하도록 해라! 그게 후손의 도리다."

번성했던 집안이 쇠락하면서 할아버지 때 고향을 떠나게 되었다. 할아버지는 세간을 다 팔아 부산으로 이사하셨고 우리가족도 일본에서 돌아와 부산에 정착하게 된 것이다.

수야에 살던 친척들이 다 흩어졌지만 오랜 기간 그곳에서 번성했던 집안인지라 조상묘소를 찾아다니며 시제를 지내는데 이틀이 걸렸다. 수십 명의 친척이 모여 함께 시제를 지냈으며, 8대 맏이인 내가 우리 집안 산소만 다니는 데도 시간이 많이 걸렸다. 새벽부터 밤까지 산 속을 헤매며 조상들의 묘소를 찾아 일일이 인사드렸다.

유서 깊은 외가와 친가

아버지는 대구고보 재학 중이던 17세에 결혼하셨다. 어려운 환경에서 자신을 믿고 지원해주는 집안 어른들의 뜻을 거역할 수 없어 한 살 많은 어머니와 가정을 이루신 것이다.

어머니는 외할아버지인 수봉 문장지壽奉 文章之 어른의 5남 2녀 가운데 막내로 사랑을 듬뿍 받고 성장하셨다. 부유한 집안에서 곱게 지낸 어머니가 박씨 집안의 7대 종부가 되었으니 지나온 삶이 쉽지 않으셨을 것이다. 어머니가 시집왔을 때 학생이었던 아버지는 여전히 집안의 후원을 받아야 했다. 어머니는 남편이 좋은 의사가 될 거라는 희망 아래 힘겨운 살림을 꾸리셨다.

남평 문씨 본리 세거지는 고려 말 목화씨를 들여온 문익점文益漸

(1329~1398)의 후손 인산재 문경호文敬鎬(1812~1874) 할아버지가 1840년 전후에 마련하셨다. 세거지 입구에 목화밭이 조성되어 있다. 70여 채에 달하는 한옥이 가지런히 자리 잡고 있는데 그 가운데 문중 자제들의 배움터인 수봉정사가 가장 유명하다. 수봉정사 옆 문중 문고인 인수문고에는 2만여 권의 서책과 책판이 소장되어 있다.

안흥마을 전경

마을 오른편 끝의 재실인 광거당은 문중 사람들이 공부하던 곳이다. 과학적인 설계 아래 우물 정井 형태로 반듯하게 지은 외가댁은 경상북도 문화재로 지정되었다. 철저한 계획 하에 지은 인흥마을은 옛 모습을 거의 그대로 간직하고 있다.

외할아버지가 설립한 인수문고는 우리나라 도서관 역사로 볼 때 질과 양에서 으뜸으로 꼽히는 곳이다. 외할아버지는 상해 임시정부에 은밀히 문물과 자금을 지원하셨는데 인수문고를 출입하는 학자와 유관인사들의 내왕이 빈번해지자 일본 경찰의 감시가 심해졌다. 급기야 임시정부와 연결된 것이 발각되었고, 외할아버지는 갖은 곤욕을 치르셨다. 후일 공로를 인정받아 외할아버지는 독립유공자로 추대되셨다. 외할아버지의 강직한 삶은 내가 흐트러지려고 할 때마다 나를 잡아주었다.

나는 방학 때마다 외가에 갔는데 특히 인수문고가 좋았다. 오래된 책과 목판이 진열되어 있는 인수문고에 들어서면 책을 읽어야 한다는 생각이 절로 들었다. 어릴 때 외가 인수문고에 자주 가서인지 평생 책을 가까이 하며 살고 있다.

외가에 가면 심심할 틈이 없었다. 남평 문씨 집성촌인 만큼 어느 집에 들어가든 모두 친척이었다. 천방지축으로 뛰어다니다가 아무 집이나 들어가도 어른들이 맛있는 걸 주었다. 어릴 때는 한없이 넓어보였는데 요즘 가보면 그저 아담하게 보인다. 내가 태어난 곳이 옛 모습 그대로 남아 있다는 것만 해도 행복하고 감사하다. 외할머니는 지극히 자애로운 분으로 우리 형제를 많이 사랑해 주셨다. 지금도 외갓집을 생각하면 마음이 푸근해진다.

내가 고향인 청도군 이서면 수야리에 간 것은 중학생이 되어서였다. 난생처음 선산 시제에 참여하기 위해 간 것이다. 전날 저녁, 어머니는 내 교복과 아버지의 도포를 다리면서 집안 어른들에 관한 얘기를 해주셨다.

“내가 이 가문에 들어온 지 어언 20년이 다 되어가는구나. 6남매의 어미가 되었다만 여태 선산에 발 한번 들여놓지 못했다. 여성은 조상이 묻힌 선산을 밟아서는 안 된다는 전통 때문이다. 네 아버지 말씀을 듣고 알았다만, 정작 우리 가문을 일으킨 분은 8대 조모이신 백白씨 할머니셨다. 여성은 선산을 밟지 못하지만 가문을 일으킨 분은 여성이라는 걸 기억해라.”

내가 할아버지 쪽으로 몇 세손이라는 것만 기억했을 뿐 백씨 할머니에 대해 들은 적이 없었던 지라 신비한 느낌을 받았다. 나의 8대 조모인 백씨 할머니 얘기는 흥미진진하면서도 놀라웠다.

"그분은 일찍 상처하신 8대 조부의 (상중尙中 할아버지) 재취로 오신 분이다. 끼니 거르기를 밥 먹듯 하는 궁색한 살림을 둘러보고 한탄하시던 백씨 할머니께서 '학문도 양반도 가문도 배고프면 이어갈 수 없다'며 남편을 설득하여 팔을 걷어붙이고 가세를 일으키기 위해 부지런히 일하셨다."

백씨 할머니는 시집올 때 마련해 온 장롱 속의 옷을 모조리 가위로 잘라 재단하여 당시 반가의 여성들이 방한구로 쓰는 '휘양'과 추울 때 팔뚝에 끼는 '토시'를 만들어 내다 팔았다고 한다. 그렇게 마련한 돈으로 돌무더기 밭 4두락(800평)을 사고, 이듬해 5두락(1,000평)을 더 사서 총 9두락(1,800평)을 마련하셨다.

백씨 할머니는 밭에 남아있는 자갈을 시집올 때 입었던 다홍치마로 날라 평평하게 가꾸셨다. 할머니는 남은 옷가지 천을 잘라 부시쌈지를 만들어 풀 베러 오는 사람들에게 선물하셨다. 고맙다고 인사하는 사람들에게 돌아가는 길에 풀 한 지게씩만 밭에 넣어 달라고 당부하셨다. 그 풀더미가 쌓여 거름이 되면서 척박한 땅이 옥토로 변했다. 사람의 힘으로는 어찌할 수 없는 장마와 가뭄이 차례로 찾아왔을 때도 백씨 할머니는 굴하지 않고 밤낮으로 목화밭에 물을 길어 나르셨다.

매년 피나는 노력을 반복한 결과 10년이 채 안되어 백씨 할머니는 천석千石의 가세를 이루셨다. 다홍치마 시절부터 백발이 되기까지 변함없이 땀과 정성을 쏟은 결과 백씨 할머니 노년에 우리 가문은 드디어 만석萬石의 부호가 되었다. 99간의 기와집을 지어 청도 갑부가 된 이후 백씨 할머니는 가난한 친척들과 노비들, 동네 어려운 사람들을 도우셨다.

어머니는 흉년이 들 때면 주변을 돌보신 백씨 할머니가 자랑스럽다고 하셨다.

"남편이신 8대 조부(상중 할아버지)께서 운명하시고 경황이 없는 중에 아드님(7대 조부)을 앉혀 놓고, 어렵게 가업을 일으킨 아버지의 뜻을 대대로 지켜나가도록 글로 적어두라고 하셨단다. 정말 해 같고 달 같은 분이시지."

중학생 때 어머니로부터 백씨 할머니 얘기를 들으며 큰 감동을 받았다.

당시 백씨 할머니가 일군 땅을 '다홍베미'로 명명했는데 지금까지 그 이름으로 불리고 있다. 다홍베미는 다홍치마 밭이라는 뜻이다. 그런 예쁜 이름이 남아 있다는 것은 후손은 물론 동네 사람들에게까지 백씨 할머니의 덕이 널리 퍼졌다는 증거이다.

내가 처음 청도에 갔을 때 99간 기와집은 간 곳 없고 기왓장 하나 남은 게 없었다. 군데군데 돌무더기만 남아 있는 정도였다. 백씨 할머니가 일군 부를 잘 가꾸어서 99간 가옥을 그대로 보존했더라면 외가댁처럼 문화재가 되었을 텐데, 안타까운 일이다.

어머니는 환갑이 다 되어서야 백씨 할머니 묘소를 찾아가셨다. 아버지가 조상님들 묘소에 상석과 비석을 놓을 때 함께 하신 것이다. 아버지는 백씨 할머니 묘를 가장 크고 멋있게 장식하셨다. 아버지가 먼 친척들 묘의 석물까지 다 마련하자 집안에서 칭찬이 자자했다. 어머니는 단장을 끝낸 묘소를 둘러보다가 백씨 할머니 묘소 앞에서 감사의 인사를 전하셨다.

1810년에 작성한 자모훈근서

아버지를 따라 고향으로 가던 날 가슴이 두근거렸다. 마치 옛 어른들을 직접 만나러 가는 기분이 들어서였다. 아버지가 자주 가문과 선조에 대한 얘기를 해주셔서 그랬을 것이다.

처음 가본 고향은 내게 아름답고 신비하게 다가왔다. 선산에 올라 산신제를 시작으로 백호등과 함박등을 오르내리며 시제를 지냈다. 백씨 할머니 묘소에서 큰절을 올렸다. 99간 기와집 터와 한없이 넓은 들녘을 보면서 백씨 할머니의 노고를 다시 새겼다. 그 순간 가슴이 쿵쿵 뛰면서 마음 저 밑바닥에서부터 뭔가 뜨겁게 끓어올랐다.

시제를 지내고 고향을 떠날 때까지 나의 머릿속을 꽉 채운 것은 백씨 할머니였다. 이제는 흔적 없이 사라진 백씨 할머니의 업적을 누가 이어갈 것인가. 그런 물음이 계속 나를 따라왔다. 종손으로서의 책임감 때문이었을 것이다.

그날 저녁, 기차 안에서 아버지께 나의 마음을 털어놓았다.

"아버지, 고향에 다녀오는데 계속 가슴이 두근거리면서 벅차요. 제가 종손으로서 뭔가 큰 일을 해서 선조들의 뜻을 이어가야 한다는 생각이 들어요."

고개를 끄덕이시던 아버지께서 말씀하셨다.

"가훈을 왜 수분, 노력, 저축으로 정했는지 이제 그 이유를 알겠니? 가훈대로만 열심히 산다면 우리의 본향 산천은 백씨 할머니께서 지켜주실 것이고 남평 문씨 세거지는 외할아버지 수봉 어른께서 지켜주실 것이다. 오늘 결심을 마음에 간직하고 앞으로 수분, 노력, 저축을 지키면서 열심히 살면 된다."

60여 년 전, 아버지의 말씀이 귓가를 맴돈다. 아버지 기대와 선조들의 명성에 누가 되지 않도록 앞으로 잘 살아야겠다는 각오를 다시금 다진다.

고향에서 감동을 듬뿍 받고 돌아왔지만 시간이 지나면서 의심이 생겼다. 백씨 할머니 개척담을 감명 깊게 들었고, '다홍베미'라는 명칭도 확인했고, 99간 기와집터도 눈으로 봤으나 과연 사실일까 하는 생각이 들었다. 몇 날을 고민하다가 어머니에게 내 마음을 털어놓았다.

"어머니! 200년 전 백씨 할머니 개척담이 사실일까요?"

어머니는 빙긋이 웃으며 궁금하면 아버지께 여쭤 보라고 하셨다. 좀 망설여졌지만 아버지께 사실을 확인하기로 결심했다. 아버지는 떨어진 운동화를 굵은 바늘로 꿰매고 계셨다. 병원 수입이 적지 않았지만 우리 형제를 공부시키느라 알뜰하게 생활하는 모습에 코끝이 찡했다.

"어머니가 백씨 할머니 이야기를 자세히 들려주셨어요. 고향에 가서 확인했지만 이야기가 부풀려진 게 아닌가 하는 생각이 자꾸 들어요."

가전 원본

가전을 포함한 수십통의 서간문 등을 번역한 책자

아버지는 꿰매던 운동화를 그대로 두고 나를 서재로 데려 가셨다. 서재의 커다란 궤짝을 열자 오래된 책 냄새가 훅 끼쳤다. 이리저리 뒤적이던 아버지가 낡은 책 하나를 꺼내셨다. '家傳'이라는 제목이 붙은 책을 넘기자 세로로 쓴 한자가 가득 담겨 있었다.

"이 가전은 8대 조부의 초상 중에 백씨 할머니가 아드님이신 증조할아버지(7대 조부)에게 받아쓰시게 한 『자모훈근서慈母訓勤書』이다. 1810년에 작성되었지. 5년 후인 1815년에 작성하신 재산목록 '자술', 백씨 할머니가 병이 깊어진 1824년에 쓰신 유서 '유훈'을 뒤에 또 담았다. 이 가전을 읽어 보면 네가 어머니에게 들은 내용이 그대로 들어있을 것이다."

가전을 받고 감동과 충격을 받았다. 그 모든 게 사실이고, 글로 남아 우리에게 전해진 것이 놀라웠다.

"아직도 의문이 있느냐?"

아버지의 질문에 나는 고개를 좌우로 흔들었다.

당시 한자로 쓰여 있어서 내용을 자세히 알 수는 없었지만, 백씨 할머니

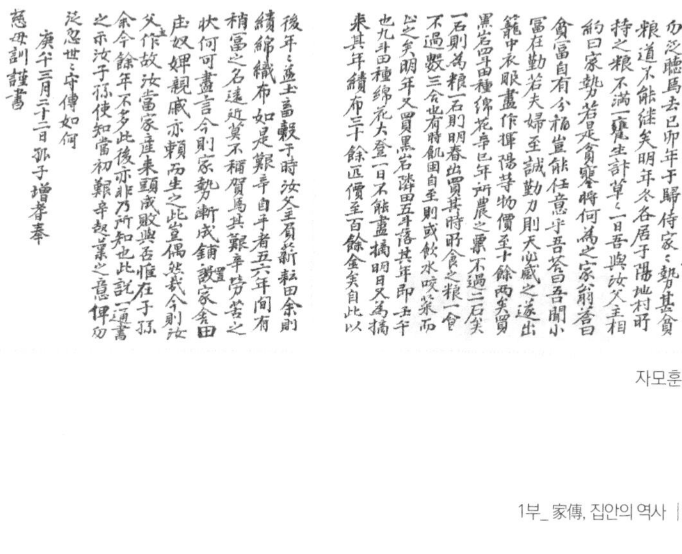

자모훈근서

의 말씀이 담겼다고 생각하니 소중하기 그지없었다.

아버지는 자모훈근서 뿐만 아니라 우리 집안의 귀한 자료들을 꾸준히 수집하셨다. 나중에 편찮을 때도 선대 유묵遺墨을 정리하느라 애를 많이 쓰셨다. 아버지는 200여 년 전 집안끼리 오고갔던 조상들의 편지까지 다 정리하셨다. 사돈댁인 진성 이씨 사가까지 찾아가 그 댁에서 보관하고 있던 우리 조상들이 보낸 편지를 어렵게 찾아오셨다. 당시 재산목록과 노비문서도 수집하셨다.

아버지는 한 번 파고들면 끝을 보는 성격이셨다. 내가 대학 다닐 때 아버지는 새로 인쇄한 족보에서 잘못된 점을 발견하고 바로 수정작업에 들어가셨다. 우리 직계 할아버지가 돈을 다 대서 서당을 중건했는데 족보를 새로 만들 때 다른 사람이 자기네 할아버지 공적으로 바꿔놓았던 것이다. 아버지는 연대표를 만들어서 하나하나 따져 우리 할아버지가 한 일이라는 걸 증명하셨고, 그로 인해 족보를 다시 만들어야 했다.

치밀한 성격의 아버지께서 꼼꼼히 수집한 자료가 큰 트렁크로 3개 분량이나 된다. 아버지가 돌아가신 후 계속 바쁘다는 핑계로 정리를 못하고 있다가 집안 형님 되는 박영석 국사편찬위원장에게 보여주었다. 자료를 살펴보던 형님이 "이런 자료는 처음 봤다. 귀한 자료이니 번역하여 여러 사람이 보면 좋겠다"고 했다. 국사편찬위원회에서 한문 고어 전문번역가인 김준 선생을 소개해 주어 번역을 완료하게 되었다. 자료가 한문으로 되어 있는데다 고어가 많아 책을 내기까지 2년 이상의 준비기간이 걸렸고, 1988년에 가전을 발간하게 되었다.

가전 앞부분에 1810년 3월 22일 아들이 백씨 할머니의 말을 받아쓴 자모훈근서가 수록되어 있다. 거기에 백씨 할머니가 자모훈근서를 쓴 계기도 나와 있다.

〈가세가 점점 좋아져 가옥과 전답을 많이 마련하여 노비와 친척들도 그 덕택으로 잘 살고 있으니 이것이 어찌 우연이라고만 말할 수 있겠느냐. 그러나 지금은 너의 아버님께서 이미 작고하시고 네가 가산을 모두 맡고 있으니 장래 우리 가정의 성패 여부는 오직 우리 자손들에게 달려 있다고 할 것이다. 나는 지금 여생이 얼마 남지 않았으니 이후부터는 내가 알 바 아니다. 그러나 이와 같은 이야기를 한 통의 글로 써서 너의 자손들에게 당초 어렵게 가업을 일으킨 그 올바른 뜻을 보여준 것이니 행여나 소홀히 하지 말고 대대로 잘 지켜나가는 것이 어떻겠느냐.〉

근면하게 일해 재산을 일구고 나눔까지 실천한 상중 할아버지(8대 조부)와 백씨 할머니의 삶이 참으로 존경스럽다. 하지만 백씨 할머니가 일군 재산은 5대째에 이르러 다 사라지고 말았다.

1988년에 책을 낼 때 박영석 형님이 써준 헌사에 우리 가문에 대한 증언이 들어 있다.

〈수야라고 하면 서울인줄 알았을 정도로 수야동은 부촌으로서 널리 이름이 알려져 있었다는 것이다. 바로 이 수야동의 만석 부호가 박영관 박사의 선대이다.(중략) 이번에 간행되는 박영관 박사의 7대조인 박증로와 그의 모친인 부여 백씨 현조의 빛나는 업적, 그리고 그 후의 선대가 남겨놓은 발자취를 모두 정리했다는 데서 그 의의를 찾아볼 수 있다. 이 책의 내용을 보고 방손의 한 사람으로서 필자는 매우 자랑스러움을 느꼈다.(중략). 선대의 역사를 거울삼아 가문과 고향을 빛내기 위해 더욱 노력하는 것이 우리 후손들의 의무가 아닐까 생각된다.(후략)〉

박영석 국사편찬위원장은 헌사에 나의 아버지 박봉현 박사의 노력도 간과해서는 안 된다고 기록했다. 〈이미 만석의 가산이 기울어진 후였지만 역경에 굴하지 않고 학업에 정진하여 인술에서 대성하였고 우리들을 훌륭히 교육시켜 사회에 나갈 수 있는 기반을 닦아 놓았을 뿐만 아니라 일가친척과 사회를 위해 봉사하고 또한 위선사업도 하였다〉며 아버지의 노고를 치하했다. 박영석 위원장의 헌사를 읽으면서 아버지께서 다시 일으킨 가문을 우리가 계속 이어가야한다는 각오를 다졌다.

1988년에 가전에 선조들의 글과 행적을 담아 출간했는데 문건이 또다시 발견되었다. 1992년에 한 권 더 만들어 가전을 상하권으로 꾸미게 되었다. 가전 상하권을 박영석 형님에게 가져갔더니 전 세계의 도서관 리스트를 주면서 "이곳으로 다 보내라"고 했다. 상하권 각각 500부를 인쇄하여 미국 하버드 옌칭도서관을 비롯하여 세계 유명도서관에 100여 권을 보냈고 우리나라 유명도서관에도 보냈다.

아버지가 힘들게 수집한 자료로 책을 만들고 나니 뿌듯한 마음이 들었다. 가전을 볼 때마다 면면히 이어온 가문의 역사가 떠올라 새삼 고개 숙이게 된다. 감사하면서 더 바르게 살아야 겠다는 각오가 샘솟는다. 다시금 국역에 도움을 주신 한문 고어 전문가 김준 선생, 국사편찬위원장 영석 족형, 고향을 지키며 선영을 돌보는 집안 어른들, 오랜 기간 자료수집과 편집에 힘써준 영하 형님께 감사드린다.

2부

자신감과 도전정신을 기르다

자신감과 도전정신을 기르다

사랑이 넘치는 대가족

우리 집은 동네에서 '서울대 삼형제 집'으로 불렸다. 삼형제가 모두 서울대학교에 합격한 데다 딸들도 서울의 명문대에 들어가지 동네에서는 우리 육남매를 '수재들' '말 잘 듣는 아이들'이라고 했다. 부모님은 '자식농사 잘 지은 집' '자식 교육 잘 시킨 집'이라며 부러움을 샀다.

어머니는 교육열이 상당히 강한 분이셨다. 아버지가 병원 일에 전념할 수 있도록 자녀 교육을 도맡고 살림을 세심하게 꾸리셨다. 국민학교 때부터 고등학교 때까지 아버지는 일 년에 한두 번은 꼭 학교에 찾아가 선생님을 만나 인사하셨다.

일본에서 돌아와 서면에 병원을 내기까지 6개월 정도 힘들게 산 이후로 경제적인 어려움을 겪은 기억이 없다. 아버지가 의사여서 남들보다 조금 넉넉했던 데다 어머니가 살뜰하게 보살펴주신 덕분이리라.

가지 많은 나무에 바람 잘 날 없다는 속담이 있지만 우리 6남매는 신통하게도 모두 모범생이었다. 자잘한 말썽은 피웠지만 남의 입에 오르내릴 정도의 일은 없었다. 금슬이 좋아 우리가 보는 앞에서 싸운 적이 없는 부모님은 우리에게 공부하라고 강요하지 않으셨다. 결정할 일이 있으면 "내 생각은 이런데 네 생각은 어떠니?"라며 우리의 의견을 물어 스스로 판단하게 하셨다.

매사 기준이 확실하신 어머니는 아버지 말씀에 순종하고 우리를 사랑으로 돌보는 현모양처였다. 어머니가 늘 다정하게 대해주셔서 바쁜 아버지의 공백을 느낄 겨를이 없었다. 하지만 우리가 잘못했을 때는 엄하게 꾸짖으셨다. 형제 중에 누구 하나 잘못하면 다같이 벌하셨다. 그래서 우리는 싸우지 않고 서로 잘하려고 노력했다. 행여 누가 잘못하여 함께 벌 받을 때면 어머니가 먼저 눈물을 흘리셨다. 어머니를 슬프게 하지 않으려면 잘해야 한다는 생각에 우리는 서로를 독려했다.

당시 할머니와 삼촌, 고모까지 대가족이 함께 살았다. 고모가 세분이었는데 두 분은 비교적 일찍 결혼했고 삼촌과 막내 고모는 우리와 오래 지내다 결혼했다. 삼촌과 고모도 늘 우리의 친구가 되어 주었다.

헌신적인 의사로 동네에서 존경 받은 아버지는 남몰래 남을 많이 도와주셨다. 내가 고등학교 시절 어떤 사람이 집에 찾아와서 "의사선생님이 등록금을 주셔서 무사히 학교를 졸업했다"며 감사 인사를 했다. 전쟁 때 여러 사람이 우리 병원에서 지낼 수 있게 하셨고, 휴전 때 포로석방에서 풀려나와 어려움을 겪는 분들도 도와주셨다.

내가 초등학교 6학년 때 전쟁이 일어났다. 부산은 총소리 하나 나지 않았지만 각지에서 몰려온 피난민으로 인해 전쟁이 났다는 걸 알 수 있었다. 가장 처음 우리가 겪은 사건은 교실을 빼앗긴 일이었다. 내가 다니던 남일국민학교를 제3육군병원에 내어주었다.

당시 교실로 사용했던 동회 사무실 바로 앞에 고구마장사가 있었는데 친구들과 고구마를 훔치기 위한 작전을 짰다. 신발에 송곳이 달린 끈을 매달아 걸어가다가 장사꾼이 한눈을 팔면 탁 찍어서 고구마를 훔치기로 했다. 기회를 노리다가 고구마를 찍긴 했는데 곧 장사꾼에게 들켜 혼이 났던 기억이 난다. 우리 집 옆에 미군 부대가 주둔하고 있었는데 미군 트럭이 나오면 친구들과 함께 몰려가서 "추잉껌 기브미, 초콜릿 기브미"를 외치며 따라다녔다.

전쟁으로 인해 우리 집이 북적이기 시작했다. 아버지가 병실 다섯 개 가운데 세 군데를 피난 온 친척들에게 내준 것이다. 좁은 입원실에서 온 가족이 사는 모습을 보며 비로소 전쟁이 났다는 걸 실감할 수 있었다.

우리도 대가족인데 네 가족과 더불어 살다보니 물도 부족하고 화장실 출입도 힘들었다. 나에게 전쟁은 무섭기보다 불편한 기억으로 남아 있다. 전쟁이 나면 사람답게 살 수 없다는 걸 어린 시절에 절실히 깨달았다.

당시 아버지는 혜원산부인과의원 원장과 군의관을 겸직하셨다. 낮에는 군복을 입고 군의관생활을 하다가 퇴근 후에는 병원 일을 보시는 바쁜 생활이 계속됐다. 할머니와 어머니가 혼란 속에서도 우리를 잘 돌봐주셨다.

눈물의 졸업식을 치르다

전쟁통에 우리는 복병산 기슭 산자락을 계단식으로 다져 가마니 울타리를 친 임시 교실에서 공부했다. 말이 교실이지 밖이나 다름없었다. 지붕이 없었으니 비가 오면 무조건 휴교였다. 철없는 우리들은 비가 오면 학교에 가지 않아도 된다며 좋아했다. 거리에는 피난민이 넘쳐나고, 자고나면 움막이 늘어났다. 우리는 가마니를 둘러친 학교라도 있어 공부하지만 고아들은 깡통을 들고 거리를 헤맸다.

복병산 임시 교사에서 멀지 않은 곳에 새들고아원이 있었다. 고아원 주변에 6월과 7월이면 버찌가 잔뜩 열렸다. 학교 마치고 바로 집으로 오라는 어머니의 말씀을 어기고 버찌를 따먹으러 가곤 했다. 버찌를 먹으면 입이 시퍼렇게 되니 숨길 수도 없었다. 노상 버찌를 따먹으러 갔다가 야단맞곤 했다.

복병산에서 공부를 마치고 계단을 내려오다 보면 골목에 양담배 파는 가게가 있었다. 철사에 번호를 달아서 끼워놓고 뽑기를 하여 숫자가 맞으면 양담배를 주는 노름판이었다. 번호가 200번까지 있었는데, 나도 용돈을 모아 양담배 뽑기에 도전했다. 사람들이 뽑는 걸 지켜보다 보면 몇 번에 담배가 있는지 대충 알 수 있었다. 이미 떨어진 사람들이 버리고 간 번호도 분석해서 비장하게 담배를 뽑았다. 몇 번 담배가 당첨되었고 그걸 주인에게 몇 배의 가격에 되팔아 그 돈으로 과자를 사먹곤 했다. 이렇게 며칠째 이판저판 옮겨 다니며 재미를 보다가 나중에 부모님께 발각되어 치도고니를 치렀다.

1951년 남일국민학교 졸업식 날, 산기슭에 가마니를 둘러치고 공부하여 졸업을 하게 되니 처량하면서도 감개무량했다. 전쟁 중에도 아이들을 공부시키기 위해 애쓴 어른들도 특별한 기분이었을 것이다. 졸업식은 식순에 따라 진행되었고, 마지막에 '졸업식 노래'를 부를 때 식장은 울음바다가 되고 말았다.

후배들과 함께 '앞에서 끌어주고 뒤에서 밀면 우리나라 짊어지고 나갈 우리들 냇물이 바다에서 다시 만나듯 우리들도 이다음에 다시 만나세'를 부를 때 선생님들과 부모님들도 같이 울었다.

힘들었지만 4, 5, 6학년 담임이었던 김형곤 선생님 덕분에 따뜻하게 보낼 수 있었다. 김형곤 선생님이 나만 특별히 사랑한 줄 알았는데 나중에 친구들을 만나보니 모두 자기만 사랑받았다는 기억을 갖고 있었다. 특별한 선물을 해 주신 것도 아닌데 어린 마음에 사랑의 기억을 심어준다는 건 놀라운 능력이다. 김형곤 선생님은 아버지와 매우 가깝게 지내셨고 아버지는 선생님과 우리 육남매의 진로를 늘 의논하셨다.

김형곤 선생님의 은혜에 조금이나마 보답할 기회가 있었다. 남일국민학교 시절 우리 반 반장이었던 김성호는 후일 서울대 문리대 철학과를 졸업했고 22세에 국회의원에 출마할 정도로 에너지가 넘쳐 별명이 '돈키호테'였다. 우리가 대학에 들어가자마자 김성호가 국민학교 동창들을 불러 모았고 이후 40여 년 동안 꾸준히 반창회를 열었다. 매년 김형곤 선생님을 모시고 식사하면서 옛이야기를 나누었다. 선생님이 정년퇴임하실 때 우리는 어린 시절 선생님께 받은 사랑에 대한 감사함을 표하고자 힘을 모아 부산 해운대호텔에서 퇴임잔치를 해드리고 축하금도 전달했다. 선생님은 세종병원 개원 때도 참석하시어 함께 기뻐하시며 축하해 주셨다. 몇 년 전 세상을 떠나 더 이상 선생님을 뵙지 못하지만 선생님의 사랑은 늘 내 가슴깊이 자리하고 있다.

진실하고 진중한 친구를 만나라

전쟁 중에도 우리 반의 70%가 중학교에 진학했다. 그때 이미 우리나라 부모들은 밥은 못 먹어도 자녀는 학교에 보낼 정도로 교육열이 높았다.

친구들은 우리 동네와 가까운 경남중학교에 갔지만 나는 부산중학교에 진학했다. 바로 앞집에 부산고등학교 학생이 있었는데 아버지는 그 집 아저씨와도 나의 진학에 대해 의논하셨다. 부산중학교에 교육관과 비전이 특출 난 김하득 교장선생님이 부임하여 학교를 일으키고 있다는 게 김형곤 선생님과 앞집 아저씨의 의견이었다. 당시에는 중학교도 입학시험을 쳤는데 부산중학교와 경남중학교에 들어가기가 어려웠다.

열심히 준비한 건 아니지만 부산중학교에 무난히 합격했다. 합격자 발표가 있던 날 김형곤 선생님이 학교까지 와서 합격을 축하해 주셨다. 입학식 날 아침 차이나 칼라가 바짝 선 검정색교복을 입고 나서는 나에게 아버지가 미소를 지으며 손을 내미셨다. 아버지와 악수한 것은 그때가 처음이었다. 뜨겁고도 힘찬 아버지의 큰 손이 뇌리에 강하게 박혔다. 내가 힘들 때 마다 아버지의 큰손을 떠올릴 정도로 그 날 아버지와의 악수는 강한 인상을 남겼다.

아버지는 나에게 모자를 씌워주면서 엄지손가락을 치켜드셨다.

"네가 다니게 될 이 학교는 최고의 학교다."

순간 나는 나도 모르게 모자를 벗고 아버지께 꾸벅 인사를 드렸다. 전쟁 중에 중학교에 들어간 것도 감격스럽고, 아버지가 든든히 지켜주는 것이 고마웠기 때문이다.

부산중학교는 우리 집에서 전차로 다섯 정거장 거리에 있었다. 전차를 타는 것도 재미있지만 더 스릴 있는 건 트럭을 타고 가는 일이었다. 학교 쪽으로 가는 트럭이 있으면 운전기사 몰래 짐칸에 올라타고 가다가 학교 근방에서 뛰어내렸다. 당시 미군부대에서 나온 야전가방을 메고 다녔는데 가방을 트럭에 던진 뒤 올라타고 내릴 때마다 신이 났다.

어느 날 아버지가 서재로 나를 부르셨다. 피난 온 친지들이 침실로 쓰던 방이었다. 아버지는 손수 붓글씨로 쓰신 고시古詩를 보여주셨다.

胡馬依北風 호마의북풍

越鳥巢南枝 월조소남지

무슨 뜻인지 몰라 바라만보고 있는 내게 아버지가 조용하지만 힘 있는 음성으로 설명해 주셨다.

"호마胡馬(중국 북쪽에서 태어난 말)는 언제나 북쪽 바람을 향해 서고, 월조越鳥(중국 남쪽에서 온 새)는 나무에 앉아도 남쪽을 향한 가지를 골라 앉는다는 옛 시詩다. 말이나 새 같은 동물도 이토록 고향을 그리워하거늘 만물의 영장인 인간이야 오죽하겠느냐! 혹시라도 이번 동란으로 북에서 피난 온 교우가 있거든 어깨동무하는 벗이 되어라."

아버지는 이전에도 "친구를 만나되 진실하고 진중한 친구를 사귀어야 한다"고 당부하셨다.

"모든 일에 깊이 생각하고, 결론이 난 후 실천으로 옮길 때에는 말 못하는 벙어리처럼 행동할 것이며, 그때부터는 살고 죽는 것을 돌아보지 말고 반드시 끝장을 내는 것이 진정한 사내의 길이다."

아버지가 자주 강조하셨던 이 말씀은 오늘날까지 내 가슴에 새겨져 있다. 그 말씀에 힘입어 무슨 일이 닥쳐도 피하지 않고 정정당당하게 헤쳐 나갔다. 면밀한 계획 하에 실천하고, 어려움이 오더라도 밀고 나가 실천하는 습관을 갖게 되었다.

1953년에 휴전이 될 거라는 소문이 퍼졌다. 낮에는 온종일 미8군 본부가 있는 서면의 하야리아 부대 앞에서 정전을 반대하는 시위가 이어졌다. 자세히 모르면서도 선생님들을 따라가서 "정전반대! 결사반대!"를 외쳤다. 어른들 뿐만 아니라 나처럼 어린 학생들과 목발을 짚은 상이군인들도 많았다.

"이참에 북진을 해서 나라를 통일해야 해!"

아저씨들이 목소리를 높여 외쳤지만 결국 7월 27일 휴전이 되었다. 사실 정전반대를 외치긴 했지만 정전이나 휴전의 의미를 제대로 알았던 건 아니다. 우리에게는 중학교 3학년이고 곧 고등학교 시험이 있다는 사실이 중요했다.

중학교 다닐 때 연식정구를 배웠다. 남일국민학교를 졸업하고 부산중학교에 같이 진학한 강인락의 아버지가 연식정구를 즐기는 분이셨다. 인락이 아버지가 우리 둘을 데리고 토성동에 있던 남부전력주식회사 정구장으로 데려 가서 정구를 가르쳐주셨다.

나와 정구를 같이 쳤던 강인락을 생각하면 마음이 아프다. 우리 집에서 함께 공부도 하고 정구도 쳤던 인락이가 폐결핵에 걸리고 말았다. 당시만 해도 폐결핵은 상당히 중한 병이었다. 우리 아버지가 인락이에게 결핵약을 지어주셨지만 병이 점점 깊어갔다. 고등학교 3학년 때 스칸디나비아 3국에서 차린 스웨덴병원에서 수술을 받았으나 결국 깨어나지 못했다.

목표를 향해 앞만 보고 달려라

고등학교는 당연히 부산고등학교를 희망했다. 부산중학교 출신 지원자 가운데 3분2 이상 떨어질 정도로 들어가기가 어려웠다. 반에서 10등 정도의 성적이었던 나는 무난히 합격했다. 그때는 한 학년에 반이 6~7개인 데다 한 반에 70~80명씩 공부했으니 10등 정도면 잘하는 편에 속했다.

부산중·고등학교에서 김하득 교장선생님을 만난 것은 큰 행운이었다. 교장선생님은 오로지 학생들만 생각하는 분이셨다. 일례로 6·25 때 부산으로 피난 온 서울대학교 교수들을 부산중·고등학교로 초청해 강의를 맡겼다. 대학교에나 있는 시간강사 제도를 중·고등학교에서 실시한 것이다. 강사들은 일주일에 한두 과목이 아닌, 풀타임으로 책임감을 갖고 강의했다. 학생들에게 좋은 강의를 들려주고 싶다는 교장선생님의 열의에 감동한 교수님들이 열정적으로 우리를 가르쳤다.

서울대학교 의과대학 예과에 다닐 때 고등학교 시절 우리를 가르친 물리 교사를 비롯한 여러 선생님을 다시 만났다. 풍부한 학식을 가진 분들이 고등학생들의 눈높이에 맞게 가르쳐주어 우리의 실력이 부쩍 향상되었다.

김하득 교장선생님은 나중에 부산 수산대 총장으로 가셨는데 특기는 연설이었다. 매일 아침 우리들을 운동장에 모아놓고 딱 3분씩 연설했다. 학생들 모두 재미있는 예화를 들어 훈시하는 시간을 좋아했다. 매일 교장선생님이 해주시는 말씀이 우리들에게 금과옥조가 되었다. 김하득 교장선생님이 들려주는 짧지만 강렬한 얘기들은 우리들에게 길잡이 역할을 해주었다. 병원을 경영하면서 남들 앞에 설 기회가 생길 때마다 김하득 교장선생님의 노고가 떠오른다. 청소년기에 엇나가지 않도록 매일 교훈적인 연설을 해 주신 교장선생님께 새삼 고마운 마음이 든다.

고등학교 때 영도에 있는 기마경찰대에서 기마경찰대원들이 말 타는 모습을 구경했다. 절도 있고 당당한 모습에 곧 매료되었다. 은밀하면서도 정확하고, 정중하면서도 다정한 무언의 몸짓으로 애마와 교감하는 기마대원들의 모습은 감동적이기까지 했다. 마침 기마대원 중에 집안형님이 있어 승마를 배울 기회가 왔다. 훈련을 쉬는 날에 승마를 가르쳐 준 박영일 형님은 말을 탈 때마다 이렇게 외쳤다.

"목표를 향해 앞만 보고 달려라!"

그 말은 내 인생의 좌우명이 되었다.

"모든 일에 깊이 생각하고, 결정을 내리고 실천에 옮길 때는 말 못하는 벙어리처럼 행동할 것이며, 시작했으면 살고 죽는 것을 돌아보지 말고 반드시 끝장을 내는 것이 진정한 사나이의 길이다"라는 아버지의 말씀과 일맥상통했다. 아버지의 말씀을 기마대원의 당당한 자신감으로 실천해야겠다는 각오를 다졌다.

당시 기마대 총경님이 우리 병원에 진료 받으러 왔다가 아버지와 친해졌다. 내가 승마를 배운다는 걸 알고 총경님이 다시 체계적으로 가르쳐주었다. 어느 정도 잘 타게 되자 총경님과 형님과 나, 셋이서 말을 타고 야외로 나가곤 했다. 말 위에 앉으면 세상을 다 가진듯한 느낌이 들었다. 무엇이든 이룰 수 있다는 자신감과 도전정신은 내 삶의 좌우명이자 원동력이 되었다. 어려운 일이 닥쳤을 때 아버지 말씀과 기마대원의 자신감으로 당당하게 헤쳐 나갈 수 있었다.

말을 타면서 나는 사춘기를 통과했다. 그 시절, 큰 꿈을 품고 거대한 세계로 나가야 한다는 생각에 친구들의 행동은 소꿉장난처럼 보였다. 대망의 꿈을 이루어야 한다는 영웅주의에 빠져 비장한 각오를 하기도 했다. 그러다보니 일찌감치 미래에 대해 생각하게 되었다. 근검절약이 생활신조

부산고 시절 말타는 모습

인 아버지가 박음질 풀린 구두나 허리띠를 직접 꿰매는 모습을 보면서 결심했다.

'앞으로 아버지의 기대에 어긋나지 않는 사람이 되어 은혜에 보답하리라.'

연민의 정으로 아버지를 바라보며 무언의 다짐을 했다. 소년 시절, 아버지처럼 검소하게 살겠다는 다짐을 했는데 그 결심대로 지금도 나는 구두를 기워 신는다. 의사가 되고, 병원을 설립해 발전시켜나가는 과정에서 어려움이 있을 때면 소년시절의 기개를 떠올리곤 했다.

생명을 살리는 의사가 되어라

아버지 같은 의사가 되고 싶었던 나의 꿈이 고등학교 때 급작스럽게 바뀌었다. 덴마크를 세계적인 낙농왕국으로 만든 니콜라이 그룬트비Nikolai Frederik Severin Grundtvig의 일대기를 읽고 세계 제일의 농학 박사가 되어 대한민국을 낙농왕국으로 만들고 싶었다. 선진농법을 배워 우리나라 농촌을 부강하게 만들 결심을 했다.

고등학교 3학년이 되어 승마를 그만두고 공부에 열중했다. 낙농왕국의 꿈을 이루려면 꼭 농과대학에 들어가야 했다. 지원서를 낼 무렵, 아버지가 나에게 어느 학과를 지망하느냐고 물으셨다. 나는 망설임 없이 농과대학이라고 답했다.

평소 우리의 의견을 묻고 크게 어긋나지 않으면 "네 뜻이 그렇다면 그렇게 하라"고 하셨던 아버지가 아무 답변도 하지 않았다. 나는 아버지께 그룬트비 전기를 읽고 감명 받은 일과 우리나라를 농업국가로 만들고 싶다는 포부를 밝혔다. 그래도 아버지는 묵묵부답이었다. 아버지는 내가 정구를 치든 말을 타든 참견하지 않았고 "대학 가려면 공부에 열중하라"는 말을 단 한 번도 한 적이 없으셨다. 아버지가 강조한 것은 '가훈'과 '정직' 뿐이었다.

아버지는 이윽고 특유의 낮고도 단호한 음성으로 말씀하셨다.

"네 뜻은 알겠다만 농사를 짓겠다는 너의 꿈은 현실에 맞지 않다. 우리나라는 산이 많고 농토가 좁아 대규모 경작을 하기 힘들다. 네가 존경하는 인물이 그룬트비라면 내가 존경하는 분은 고대 희랍의 의학자인 히포크라테스다."

아버지가 농과대학을 마음에 들어 하지 않는다는 걸 그제야 깨달은 나는 다음 말씀을 기다렸다.

"농대가 땅이라면 의대는 생명이다. 이 지구를 몽땅 다 준다고 하더라도 생명이 끊어진다면 그게 무슨 소용이냐."

늘 나의 의견을 존중해주셨던 아버지가 농학박사 대신 의사가 되길 원하는 게 점점 분명해졌다. 평소 아버지는 말씀을 하다가 중간 중간 "너의 생각은 어떠냐"고 자상하게 물어보셨는데 이번에는 일방적으로 말을 이어갔다.

"나도 고보 시절, 미국의 국부 조지 워싱턴 같은 정치가가 되는 게 꿈이었다. 하지만 반제운동의 전력으로 다른 길이 막히자 사상적 제약이 없는 의학을 공부하게 되었다. 지금은 외골수인 나를 땅의 권세에서 생명의 자리로 옮겨 주신 조상님과 하나님께 감사한다."

깊이 존경하는 아버지의 말씀에 점점 빨려 들어갔다.

“나는 오늘도 환자들에게 고맙다는 인사를 받았다. 큰 보람을 느낀다. 의대를 가라! 너도 의사가 되어 나처럼 보람을 느끼면 좋겠다.”

권유 같기도 하지만 그건 분명 명령이었다. 아버지는 단호하게 마무리 지으셨다.

“의대를 가되 서울대학교 의과대학을 가야 한다!”

나는 땅을 살리는 농업과 생명을 살리는 의학을 놓고 한참을 고민했다. 이윽고 나의 뜻을 밝혔다.

“아버지의 뜻을 따르겠습니다.”

의대를 가는 건 결정했지만 서울대 의대는 아무래도 무리였다. 반에서 10등 정도인 내 성적으로 서울대 의대는 사실상 불가능했다. 의대를 가기로 했으니 아버지도 한 발 양보해주겠지 하는 기대에서 조심스럽게 말을 꺼냈다.

“현재의 제 성적으로는 불가능하다고 생각합니다! 제가 만약 서울대 의대를 가지 못하면 어떻게 됩니까?”

아버지는 곧바로 대답하셨다.

“그러면 등록금을 못 준다.”

아버지의 뜻이 확고하다는 걸 확인하자 눈앞이 캄캄했다. 아버지는 장남이자 종손인 나를 통해 꿈을 이루고 싶으신 게 분명했다. 아버지는 경성제대 1차 시험에 합격하고도 반제운동 전력 때문에 2차에서 떨어진 걸 평생 아쉬워하셨다. 나는 그 순간 열심히 하는 것 외에 방법이 없다는 결론을 내렸다. 아버지의 기대에 어긋나지 않도록 남은 기간 죽을 각오를 다해 공부하리라, 결심했다.

3부

서울대
삼형제 집

서울대 삼형제 집

계획표 작성과 성실한 실천

대학입학시험을 치기 위해 불안한 마음으로 상경했다. 서울에는 숙명여대에서 약학을 전공하는 누나와 경기고등학교 2년생인 동생 태우가 할머니와 함께 살고 있었다. 6·25 동란으로 쑥밭이 된 서울 계동에 용케도 온전히 남아있는 대지 23평의 아담한 한옥을 아버지가 우리를 위해 사두신 것이다.

서울 의대에 지원은 했지만 도무지 합격할 자신이 없었다. 반에서 10등 정도의 실력이면 서울대의 웬만한 학과는 갈 수 있지만 의과대학은 무리였다. 장남인 나의 진학은 집안의 관심사여서 시험을 칠 때 어머니가 서울에 오셨다. 시험을 치고 나니 더 자신이 없었다. 합격자 발표일에 할머니와 어머니, 누나까지 따라 나섰다.

두근거리는 가슴을 안고 벽보 앞에 섰을 때 가슴이 마구 뛰었다. 하지만 이내 어깨가 축 처졌다. 두 번 세 번 봤지만 합격자 벽보에서 나의 수

험번호와 이름을 찾을 수 없었다. 가족들은 아무 말 없이 내 등을 두드려 주었다.

애써 태연한 척했지만 가슴이 무너지는 것 같았다. 좌절감과 수치심이 동시에 밀려왔다. 태어나서 처음으로 맛 본 실패였다. 노력한 것을 그대로 드러내는 벽보, 공개된 장소에 내건 이름들, 나는 발가벗은 몸으로 서 있는 기분이었다.

실망하실 아버지 생각에 기분이 더욱 가라앉았다. 우리들을 위해 늘 솔선수범하며 온전히 헌신하시는 아버지를 대할 면목이 없었다. 하지만 아버지께 정직하게 나의 낙방소식을 알려드려야겠기에 어머니와 함께 부산행 기차에 올랐다. 합격 소식을 안고 갔더라면 얼마나 좋았을까, 그런 부질없는 생각으로 마음이 복잡했다.

아버지 앞에 앉으니 내가 과연 최선을 다했던가, 하는 자책이 일었다. 떨어졌다는 것 외에 더 드릴 말씀이 없어 무릎을 꿇고 고개를 숙였다. 그때 아버지께서 하신 말씀을 살면서 한 번도 잊은 적이 없다.

"부모 되기는 쉽다. 그러나 참다운 부모 되기는 어렵다. 내 불찰이 크다. 더욱 노력하마."

낙방은 내가 했건만 아버지가 더 자책을 하시니 죄송한 마음이 배가 되었다. 이를 악물고 공부해서 내년에 합격소식을 알려드리고야 말겠다는 각오를 다졌다.

재수를 위해 서울로 돌아올 때 마음은 온통 회색이었다. 불확실한 미래가 나를 내리눌렀다. 그때 아버지가 자책하시던 말씀이 떠올랐다. 내년에도 아버지를 실망시킬 수는 없는 일이었다.

'누구나 자식 되기는 쉽습니다. 그러나 참다운 자식 되기는 어렵습니다. 제 불찰이 큽니다. 더욱 노력하겠습니다.'

마음속으로 아버지께 답하며 최선을 다하리라 결심했다.

요즘은 유명한 재수학원이 많지만 내가 재수할 때는 그런 학원이 없었다. 스스로를 관리하며 공부할 수밖에 없었다. 얼마나 의지가 강하고 성실한가, 하는 것이 합격 여부를 결정지었다. 재수 계획 시간표를 짜던 그날 저녁, 'The word impossible is not in my dictionary(내 사전에 불가능은 없다)'라는 나폴레옹의 명언을 떠올리며 마음을 다졌다.

우선 하루에 8시간씩 공부하기로 결심하고 시험 칠 때까지 계획표를 다 작성했다. 하루 계획표, 일주일 계획표, 한 달 계획표, 일 년 계획표를 짜서 그날그날 공부할 할당량을 기록했다. 혹시 한 달 동안 목표량을 채우지 못할 때를 대비하여 3일간 보충 학습할 기간을 정했다. 어릴 때부터 무슨 일을 시작할 때는 반드시 계획을 세웠는데 목표달성이 일주일, 한 달, 두 달 늦어지면 다시 계획을 세우곤 했다. 재수를 시작할 때 다시 계획 세우는 일은 결코 없어야 한다고 스스로에게 다짐했다. 목표 달성이 안 되면 또다시 낙방할 수 있으니 꼭 실천하리라 단단히 결심했다.

현재 소공동 롯데호텔 자리에 국립도서관이 있었다. 계획표를 짠 다음날부터 계동 집과 국립도서관을 오가며 열심히 공부했다. 암기과목은 완벽히 이해한 뒤 외웠고, 수학은 문제의 원리를 터득하기 위해 고심했다. 치밀하게 짠 계획표를 성실하게 실천한 결과 매달 3일간의 보충기간만 활용하면 다음 진도로 넘어갈 수 있었다.

어느 날 신문에 난 천재 피아니스트 한동일 씨에 대한 기사를 읽었다. 1941년 함흥에서 태어난 한동일 씨는 6·25 동란 시, 오산 공군기지 홀에서 피아노 연주를 한 것이 계기가 되어 미공군사령관 앤더슨 중장을 만난다. 그의 주선으로 유명한 피아노 교수 조지나 레빈 여사 밑에서 레슨을 받게 되고, 메리 웨더 포스트 콘테스트에 차이콥스키 곡을 들고 참가해 2위를 차지한다. 한동일 씨는 여러 작곡가 중 오직 차이콥스키의 곡만 전력을 다해 연습했다고 한다. 1956년 카네기 홀에서 있었던 세계 청소년 기악 독주자 선발 경연대회에서 한동일 씨는 드디어 세계 제1의 피아니스트가 되고, 이후 모든 경연대회에서 1위를 한다.

나보다 두 살 아래인 한동일 씨가 열심히 노력하여 세계적인 피아니스트가 된 것이 큰 자극이 되었다. 기사 가운데 '죽기 살기로 연습했다' 는 내용이 인상에 남았다. 그의 기사를 읽으니 한동일 씨가 '너도 열심히 하면 꼭 합격할 수 있다'고 격려하는 듯해 힘이 불끈 솟았다.

드디어 다가온 입학시험에서 나는 당당히 합격했고 1958년 서울대학교 의과대학 학생이 되었다. 온 가족이 축하해주었는데 특히 아버지가 기뻐하시는 모습에 마음이 뿌듯했다. 내가 존경하고 흠모하는 아버지는 나에게 선물을 건네며 진심으로 기뻐하셨다.

'축 입학. 영관아, 오늘을 기념하여 너에게 주며, 앞날에 더욱 영광있기를… 4291. 2. 15' 아버지의 자필 붓글씨가 담긴 자개 벼루집이었다. 그날 아버지는 "이제 시작이다, 건승을 빈다. 축하, 또 축하한다"며 기쁨을 감추지 못하셨다. 아버지는 대학에서 훌륭한 스승을 만나야 한다는 당부를 하셨다.

"스승은 인생의 길도 일러주시고, 젊은 사람이 해야 할 일도 일러주시고, 풀리지 않는 의혹을 여는 열쇠도 주신다. 김형곤 선생님과 김하득 교장 선생님을 만난 것이 너에게 행운이었다. 대학에서도 훌륭한 교수님을 만나는 행운이 있기를 바란다."

귀중한 말씀을 해주신 아버지의 바람대로 나는 대학에서 훌륭한 교수님을 만났다.

재수를 하면서 '계획을 제대로 세우고 실천하면 반드시 결실을 맺는다'는 것을 배웠다. 완벽한 계획 아래 성실하게 진행하면 안 되는 일이 없다는 게 내가 얻은 결실이다. 그때부터 나의 삶은 '계획표 작성과 성실한 실천'으로 이어지고 있다. 대학 다닐 때는 물론 해외에서 생활할 때, 세종병원을 설립할 때, 모든 것은 '계획과 실천'이라는 두 톱니바퀴에 의해 진행되었다.

서울대학교 의과대학에 입학하다

대학생이 된 나의 위치는 아버지를 대신하는 '가장'이었다. 1957년 내가 서울에 왔을 때 계동 집에는 할머니, 누나, 동생 태우가 있었다. 나는 장손으로서 가족들을 책임져야 한다는 각오를 했다. 얼마 후 막내 남동생과 여동생들까지 서울로 와서 내가 신경 써야 할 가족이 늘어났다.

나는 부산중학교와 부산고등학교를 거쳐 서울대학교에 진학했고, 동생 태우는 부산중학교를 졸업하고 경기고등학교에 진학했다. 경기고등학교가 최고라고 하니 태우를 아예 서울에 있는 고등학교로 보낸 것이다. 태우는 나중에 서울대학교 공과대학에 진학했다.

내가 대학교 1학년 때 초등학교 5학년인 막내 동생 영호를 서울로 불렀다. 내가 아버지에게 동생을 잘 돌보겠다고 약속하여 재동국민학교로 전학시킨 것이다. 막내가 일찍 서울에 와야 나중에 대학갈 때 유리할 것 같아서 그렇게 한 것이다. 영호는 동성중학교와 경복고등학교를 거쳐 서울대학교 상과대학에 들어갔다.

누나는 숙명여대 약대, 여동생 순자와 순조는 이화여대와 한국외국어대학교를 졸업했다. 내가 가장 노릇을 한다고 했지만 실제로는 할머니와 누나가 우리를 보살폈다. 부산보다 더 살림이 커진 서울을 총지휘하는 할머니는 누나와 도우미 아주머니의 조력을 받아 우리를 잘 보살펴 주셨다.

우리가 부모님과 떨어져 서울로 유학 왔지만 뿔뿔이 흩어지지 않고 할머니와 함께 모여 산 것은 참 고마운 일이다. 따뜻한 가정의 테두리 속에 지낸 것이 살면서 큰 힘이 된다. 할머니와 많은 대화를 나눈 것도 나에게는 좋은 추억이다.

누나와 동생들이 모두 외출하여 할머니와 단둘이 있을 때였다. 할머니는 조용히 할 말이 있다면서 그 누구에게도 발설하지 말라고 당부하셨다. 무슨 얘기인지 몹시 궁금했다.

"네 아비도 의사고 너 또한 죽을 사람도 살리는 의사 공부를 한다니 하는 얘기다. 아마 아비도 모르는 사실 일게다. 내가 이런 말을 입 밖에 내는 것은 오늘이 처음이니까…."

아버지도 모르는 이야기라니 귀가 쫑긋해졌다.

"우리 집안 핏줄은 명이 짧다."

'명이 짧다'는 말이 귀에 확 박혔다.

"네 할아버지는 향수가 46세, 네 증조부님은 향수가 47세, 고조부님의 향수도 45세, 아무튼 그 윗대에도 50세를 넘긴 조상이 별로 없다. 너만 알고 있거라, 장손이니까. 그러니 매사에 조심하여 장수하여라."

말씀을 마친 할머니의 얼굴이 어두워지셨다. 나뿐만 아니라 아버지와 동생들에 대한 걱정이 큰 게 분명했다. 단명 하는 혈통의 후손이라니, 조금 두려운 마음이 들었다. 그때 아버지는 막 불혹을 넘긴 때였다. 의사인 아버지가 건강관리를 잘 하시리라 믿고 싶지만 걱정이 되었다. 아버지가 격무에 시달리면서 잠시도 쉬지 않고 공부하실 때라 더 우려스러웠다. 예전과 달리 의학이 발달하고 약도 많아졌으니 할머니의 걱정이 기우로 끝나길 바라는 마음 간절했다.

1961년에 여동생 순자가 이화여대 미대에 합격하고 여름방학을 앞둔 어느 날 아버지의 편지가 도착했다.

'올여름 방학 때 너희 삼 형제에게 보여 줄 것도 있고, 또 할 말이 있으니 반드시 부산에 오도록 해라!'

편지를 보는 순간, 무슨 연고가 있는 건 아닌지 걱정이 됐다. 대대로 수를 못하신 집안이라는 할머니 말씀이 떠올라 혹시 어디 편찮은 건 아닌지 가슴이 철렁했다.

두 동생과 함께 부산으로 가는 동안 내내 마음이 불안했다. 아버지가 우리에게 심부름을 시키기 위해 불렀다는 걸 알고 안도의 한숨을 쉬었다. 아버지는 베란다에 설치한 토끼장으로 나를 데려가셨다. 아버지는 서울대 총장 윤일선 교수님에게 편지를 보냈다고 하셨다.

"내 이력도 정직하게 말씀드렸고, 네가 서울대학교에 들어간 것도 알려 드렸다. 불혹이 넘은 문하생이 배움이 고파 박사학위 논문을 즐거운 마음으로 준비하고 있으니 부디 지도를 해 달라는 간청을 드렸다. 교수님께서 고맙게도 흔쾌히 승낙해주셨다. 앞으로 조직 표본 슬라이드를 너를 통해 보내기로 했으니 잘 부탁한다."

아버지는 교토대학 의학부에서 해부 병리학 박사학위를 받은 윤일선 교수님에게 지도를 받게 된 것은 행운이라며 밝게 웃으셨다. 아버지의 뜨거운 향학열이 놀라울 따름이었다. 병원을 운영하는 것만 해도 힘들 텐데 아버지는 끊임없이 공부하셨다.

내가 고등학교 때 아버지는 난소를 연구하기 위해 한꺼번에 40~50마리의 토끼를 키웠다. 나는 틈만 나면 토성동에 있는 경남도청 마당에서 토끼풀을 뜯어다가 토끼에게 먹였다.

의과대학에 입학한 나의 첫 번째 임무는 아버지의 과제를 윤일선 교수님에게 전하는 일이었다. 윤 교수님은 과제를 들고 가자 아버지 칭찬을 하셨다.

"정직하고 열심히 사는 분이시다. 다른 의사들과 다르다. 직접 본인이 실험을 하는 게 놀랍다."

실험을 다른 사람에게 맡겨 통계만 인용할 수도 있는데 아버지는 직접 키운 토끼로 실험을 하여 충실하게 논문을 작성하셨다. 아버지는 토끼를 기르면서 상태를 보고, 해부하여 난소를 확인해야 제대로 된 연구가 된다고 하셨다. 아버지는 5년간 100마리가 넘는 토끼를 해부한 실험결과를 토대로 논문을 써서 1962년에 의학박사 학위를 받으셨다. 어머니는 아버지의 박사학위 실험을 위해 희생된 토끼들의 위령제를 지내 주셨다. 나는 아버지가 고생스럽게 논문 쓰시는 모습을 보면서 무엇이든 정확하게 해야 한다는 교훈을 얻었다.

박봉현 박사학위 취득.

아버지가 전문의에 그치지 않고 의학박사 학위까지 받은 것을 자랑스럽게 생각한다. 아버지는 6남매를 키우며 병원 운영하느라 바쁘고 힘든 가운데서도 열심히 공부하신 결과 3대 의학박사 학위가 완성되었다. 나와 아들은 계속 이어서 공부를 하여 크게 어렵지 않았다.

하수구 청소하는 삼형제

내가 재수할 때 한 살 아래 동생 태우는 고등학교 3학년이었다. 재수를 한 나는 또 낙방을 할까봐 걱정이 많았다. 동생만 붙고 나는 떨어지는 상황을 생각할 때마다 한숨이 나왔다. 그래서 재수시절에 더 이를 악물고 공부에 매달렸는지도 모른다. 드디어 입학시험 날이 되어 나는 서울대 의예과에, 태우는 서울대 공대에 응시했다.

학교로 가서 합격자 명단에서 내 이름을 발견하자 안도의 한숨이 나왔다. 1년 동안 계획표대로 철저히 준비하여 합격을 하니 날아갈 것만 같았다. 함께 간 할머니와 어머니도 몹시 기뻐하셨다. 병원 일 때문에 서울에 오지 못하신 아버지께 떳떳이 합격 사실을 알릴 수 있게 되어 기뻤다. 이제 의과대학생이 되었으니 더욱 열심히 공부해야겠다는 각오가 새록새록 솟아올랐다.

안도의 한숨도 잠시, 그제야 동생이 어찌되었는지 궁금했다. 동생은 아쉽게도 낙방하고 말았다. 내년에 꼭 합격하기 바란다고 격려하면서도 미안한 마음을 금할 수 없었다. 내가 다시 떨어지고 동생이 합격하면 내 체면은 뭐가 되나, 걱정했던 게 미안했기 때문이다.

태우는 이듬해 서울대 공대에 합격하여 당시 공대 캠퍼스가 있었던 태릉 근처에서 하숙을 했다. 가끔 태우의 하숙집에 들러 어떻게 지내는지 돌아보고 밀린 얘기를 나누었다. 한 살 아래인 태우와는 친구처럼 지내며 서로 비밀이 없었다. 아버지가 매월 나에게 돈을 보내주시면 동생의 등록금과 책값, 생활비, 용돈을 나눠주고 금전출납부에 세밀하게 기록했다. 나중에 아버지께 보고하기 위해서였다. 태우가 술 외상값이 좀 있다고 하여 그 돈을 주고 금전출납부에는 책값이라고 기록한 일도 있다. 아버지께는 죄송하지만 그 일을 생각하면 지금도 웃음이 난다.

학비와 우리가 쓸 만큼의 용돈을 보내주셨지만 장남으로서 아버지의 부담을 조금이나마 덜어드리려고 아르바이트를 시작했다. 2년간 용돈을 벌어 동생들과 나눠 쓰면서 형 노릇을 할 수 있어 기뻤다.

대학에 들어가니 연년생 동생 태우의 친구들과 동급생이 되었다. 나는 동생의 고등학교 동기들을 적당히 피하면 된다지만 동생은 친구들 모임에만 가면 놀림을 받았다. 짓궂은 친구들이 동생에게 "우리가 너희 형 동기니까 우리를 형이라고 불러"라며 놀리곤 했다.

몇 년 후, 막내 영호도 경복고등학교를 졸업하고 재수를 하여 서울대학교 상과대학 경제학과에 합격했다. 우리 삼형제는 모두 재수를 하여 서울대학교에 들어가는 기록을 세웠다. 막내가 합격하자 지방에 있는 일가친척까지 상경해 축하해주었다. 삼형제의 서울대 합격 소식은 온 동네로 빠르게 퍼져 나갔다. 이웃과 지인들로부터 축하 인사가 끊이지 않았다. 동네 사람들은 우리 집을 '혜원산부인과'가 아닌 '서울대 삼형제집'라고 불렀다. 서울 계동의 이웃들도 우리를 '서울대 삼형제'라며 추켜 주었다.

막내가 서울대에 합격한 그해, 할머니 생신을 맞아 온 가족이 다 모였다. 나는 우리가 선물해 드린 앙고라 스웨터를 입은 할머니를 업고 덩더쿵 덩더쿵 장단을 맞추며 방안을 빙글빙글 돌았다. 활짝 웃으며 좋아하시던 할머니가 갑자기 끄윽끄윽 울음을 터트렸다. 몰락한 만석 부호의 종부였던 할머니는 하늘 보기 부끄럽다며 한평생 땅만 내려다보고 사셨다. 이제 아들이 의사로 당당히 자리 잡고, 손자 셋이 서울대에 들어가 조상님 앞에서 얼굴을 들 수 있게 되었다며 행복한 눈물을 흘리신 것이다.

아버지는 어디를 가나 칭찬받는 우리가 행여 교만해질까봐 방학이 되면 동네 하수구 청소를 시키셨다. 겸손을 가르치기 위해서였다.

"꿈이 있는 학생들은 공부도 열심히 해야 하지만, 봉사를 모르면 속 빈 강정이다. 오늘 집 주변 하수구 청소를 해라!"

그래서 우리는 방학을 맞아 부산에 갈 때면 언제나 첫날은 하수구 청소를 했다. 우리 병원 앞에서부터 한참아래까지 족히 200m 정도 되는 하수구의 시멘트 뚜껑을 들어내고 안에 쌓인 오물을 퍼냈다. 요즘은 구청에서 용역을 맡겨 청소를 하지만 예전에는 관리를 하지 않아 오물이 넘치기 일쑤였다. 우리 삼형제가 청소를 하고 있으면 동네 사람들이 지나가다가 "공부도 잘하는데 봉사도 잘하고, 정말 착한 아들들이다"라며 칭찬했다.

우리 형제는 아버지가 늘 공부하는 모습을 보면서 자연스럽게 공부하는 습관을 길렀다. 그랬기에 재수라는 긴 터널을 지나 서울대학교에 들어갈 수 있었다. 성실을 이길 수 있는 건 아무 것도 없다.

흰 가운 입고 참여한 4·19

의과대학에서 공부하는 것이 너무도 즐거웠다. 늘 착실하게 학교와 집을 오갔던 내게 본과 1학년 때인 1960년 4월은 특별한 기간이었다. 자유당 최후의 날인 4월 19일, 서울대학교는 '국민은 통곡한다'라고 쓴 플래카드를 앞세워 윤일선 총장 이하 교수들과 학생들이 시위에 참가했다. 의대생들은 흰 가운을 입고 나섰다. 서울대 교수와 학생들은 한국일보에 들러 '우리에게 자유를 달라!'는 혈서를 남긴 후 교정으로 돌아왔다. 여학생들은 남학생들의 가방을 지키고 있다가 우리가 돌아오자 울음을 터트렸다.

며칠 후, 누나 결혼식에 참석하기 위해 부산에 갔다. 약사인 누나와 서울 상대 전임강사였던 자형(김식현)은 동갑내기였다. 그런데 결혼식 전날 저녁 전보 한통이 날아왔다. 약리학 재시험이 있으니 급히 상경하라는 반장의 전갈이 담겨있었다. 당시 엄격한 학사관리로 인해 과에서 절반 정도는 재시험을 치러야 했다. 약리학 시험도 중요하지만 결혼식이 바로 다음 날이니 상경할 수가 없었다.

결혼식이 끝나자마자 학교로 와서 약리학 주임교수를 찾아갔다. 사정을 얘기하고 재시험을 치게 해달라고 부탁했으나 단호히 거절하며 "낙제"라고 했다. 그대로 물러설 수 없어 그날 저녁 관철동에 있는 교수님 댁으로 찾아갔다. 문밖에서 큰소리로 호소했다.

"교수님! 한 번만 재시험 기회를 주십시오."

그러나 교수님은 끝까지 만나주지 않았다. 사모님이 나와서 그냥 돌아가라고 했지만 나는 세 시간도 넘게 서 있었다. 그래도 교수님은 꿈쩍도 안 했다. 너무한다는 생각에 화가 머리끝까지 나 문패를 뜯어 마당으로 던져 버렸다. 내 생애 최대의 반항을 하고 돌아오는데 허탈하기만 했다. 피치 못해 시험을 치지 못했으니 한번쯤 기회를 줄 수도 있을 텐데……

낙제를 각오하고 있는데 며칠 후 교수님이 재시험의 기회를 주셨다. 나는 문패를 던진 일 때문에 머리를 들 수 없었다. 그 시험을 통과해서 다행히 낙제를 면했다. 이 자리를 빌어 다시 한번 교수님께 사죄의 말씀과 감사의 인사를 드린다.

1959년 여름, 초등학교 동창이며 연대의대에 재학 중인 변성균이 봉사활동을 같이 하자고 제의했다. 미국 기독교 아동복리회에서 전국 고아원생들의 기생충 퇴치와 결핵예방접종을 위해 봉사단원을 모집하는데 같이 해보자는 것이었다. 의대동기생 김노경도 합류해 셋이 부산과 삼천포의 고아원을 돌았다. 시골 마을이라 먹고 자는 것이 불편했지만, 늦은 시간까지 피곤한 줄 모르고 즐거운 마음으로 봉사했다.

보람을 느끼며 봉사하던 중 부도덕한 원장 얘기를 듣고 실망을 금할 수 없었다. 부산의 한 고아원에서 진료를 하며 아이들과 이야기를 나누다가 놀라운 사실을 알게 되었다. 오르간 공장 사장이 운영하는 고아원이었는데 원생들을 오르간 공장에서 일을 시켰던 것이다. 아이들을 학교에도 보내지 않고 사리사욕을 채우는 사람은 고아원을 운영할 자격이 없다.

그런데 그런 일이 다반사로 벌어지고 있었다. 정도의 차이는 있지만 후원금을 가로채는 일은 흔하게 벌어졌다. 원장에게 "왜 아이들에게 써야할 돈을 다른 데 쓰느냐"고 지적하면 "학생이 봉사나 할 것이지 건방지게 웬 참견이냐"며 오히려 화를 냈다.

해마다 원생들에게 지원되는 미제 기생충 약을 빼돌려 시중에 내다판 원장들도 있었다. 그로인해 대부분의 아이들이 기생충에 감염된 상태였다. 전쟁으로 인해 고아가 된 아이들이 전쟁이 끝난 지 한참 지났지만 전쟁 때나 다름없는 삶을 살고 있었다. 우리가 학생이어서 더 힘을 낼 수 없는 게 아쉬울 따름이었다.

삼천포에 있는 고아원으로 옮겨갈 때 이번에는 또 어떤 부정을 확인하고 실망을 하게 될까, 하는 생각에 힘이 빠졌다. 하지만 그곳에서 큰 힘을 얻고 봉사하는 보람을 느꼈다. 그 고아원의 원장님은 후원금이나 후원물품을 횡령하기는커녕 사재를 털어 원생들을 자식처럼 돌보았다. 위생관리를 철저히 하여 기생충에 감염된 아이가 한명도 없었다. 공부에 관심이 있는 아이는 학교에 보내고, 그렇지 않은 아이는 기술을 가르쳐서 사회에 훌륭히 적응하도록 지원했다. 원장님은 학생들의 공부를 지도하거나 기술 교육하는 일로 하루해가 짧을 정도로 열심이었다.

그 고아원에서 대학생이 된 원생도 적지 않았다. 당시만 해도 자녀를 대학에 보내는 것은 상당히 힘든 일이었다. 웬만한 경제력 아니면 학비를 마련하기 어려울 때였다. 그런 상황에서 고아원생들을 대학에 보낸다는 사실을 알고 깜짝 놀랐다. 대학에 다니는 원생들은 원장님과 함께 동생들을 지도하고, 사회인이 된 원생들은 시간이 날 때마다 고아원을 방문하여 봉사도 하고 후원도 했다. 잘 키운 선배 원생들이 후배 원생들에게 꿈과 희망을 심어주고 있었다. 그 분으로 인해 나도 평생 봉사하며 살아야겠다는 각오를 다지게 되었다. 지금 돌아보아도 존경스러운 분이다.

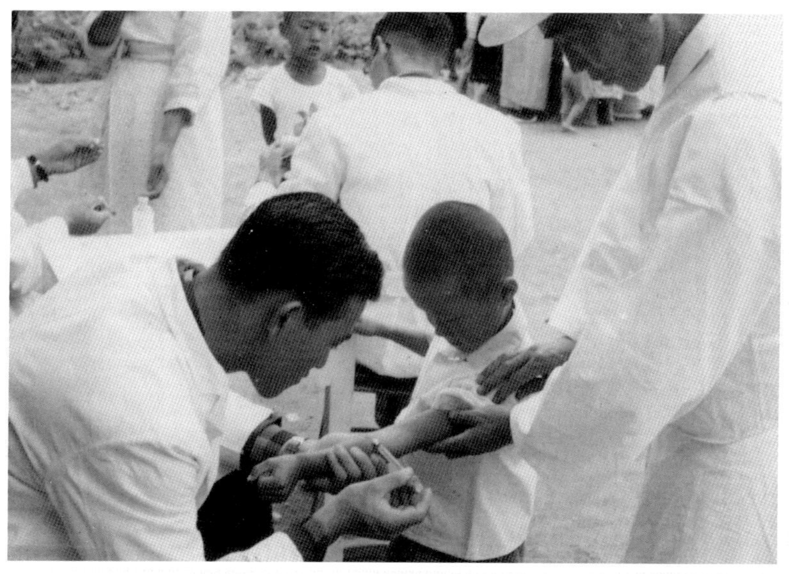

의료 봉사로 고아원에서 예방주사를 놓고있는 장면. 1963년.

학문의 아버지 이영균 교수님

서울대학교병원에 흉부외과가 창설된 지 얼마 되지 않은 1964년에 인턴이 되었다. 밤낮없이 병원에서 지내다가 스트레스가 쌓이면 우리는 원남동 쪽 병원 정문 건너편에 위치한 백천집으로 달려갔다. 병원 정문에 있는 원남동 파출소 건너편은 창경원 돌담이지만 옛날에는 이 돌담에 판자로 붙여 만든 백천집이 있었다. 얼큰하게 취하면 창경원 돌담을 끼고 앉아 밤늦도록 실험이야기와 과제이야기를 나누다가 시국토론을 했다. 특히 동물실험이 있는 날은 백천집에 가서 마음을 달랬다. 대부분 개를 실험대상으로 삼았는데 의학 발전을 위해 희생된 개들을 생각하면 미안하기 그지없었다. 어디나 그렇지만 우리 학교도 해부학 교사 옆에 동물 위령탑을 세워 희생된 개들을 추모했다.

새벽 6시면 병실로 달려 나와야 했던 인턴시절의 내 별명은 일개미였다. 잠시도 쉬지 않고 몸을 움직인다고 하여 선배들이 붙인 별명이다. 다른 사람들이 앉아서 쉴 때 나는 서서 휴지를 줍고 책상을 정리하는 등 계속 움직였다. 할머니와 함께 생활하면서 일을 보면 바로바로 처리하는 버릇이 든 것 같다. 일개미라는 별명은 칭찬 같아서 마음에 들었다.

우리가 인턴이 되었을 때 이영균 교수님과 이찬범 교수님이 미국 미네소타 대학에서 연수를 마치고 귀국하여 흉부외과를 만들었다. 이영균 교수님은 한국 최초로 심폐기를 이용한 심장수술에 성공한 분이다. 두 교수님이 실시한 폐와 식도, 심장수술 등은 연일 신문에 대서특필 되었다. 그전까지 우리나라에서 실시한 적이 없는 수술이었다.

막연히 외과의사가 되어야겠다고 생각했던 나는 망설임 없이 흉부외과를 선택했다. 새롭게 시작하는 학문이어서 관심이 갔다. 다만 폐와 심장 중에서 어느 쪽을 전공해야 할는지 정하지 못했다. 둘 다 신생학문이고 중요한 분야지만 나에게 맞는 쪽을 판단하기는 어려웠다. 전공을 고민하다보니 어느새 레지던트 2년 차가 끝났다.

세부 전공 분야 결정을 더 이상 미룰 수 없는 레지던트 3년차가 되었다. 고심 끝에 수술의 꽃이라고 불리는 '심폐기를 이용한 개심수술' 분야로 마음을 정했다. 당시만 해도 심장을 칼로 가르고 수술하는 건 획기적인 방법이었다. 자연스럽게 심장 분야를 주로 맡는 이영균 교수님의 지도를 받게 되었다. 강원도 영월 태생인 이 교수님은 1944년에 경성제대 의학부를 마치고 1950년에 서울의대 교수 생활을 시작한 분이다.

인턴은 레지던트를 서포트하는 데서 그치지만 레지던트는 수술에 직접 참여한다. 레지던트 3년차와 4년차 때 흉부외과에 근무하면서 한 달에 두세건 정도의 심장개심수술에 참여했다. 당시 서울대에서 실시하는 심장개심수술 건수는 연간 20~30건 정도였는데 수술이 성공해도 얼마 후 환자가 죽는 경우가 많았다.

한 번은 가회동의 대궐 같은 집에 사는 일곱 살짜리 남자아이가 심장수술을 받았다. 수술은 잘 되었으나 독특한 혈액형으로 인해 수혈에 문제가 생기면서 세상을 떠나고 말았다. 어린 나이에 세상을 떠난 아이를 보니 안타깝기 그지없었다.

심장수술을 한 뒤 환자가 죽으면 왜 죽었는지 원인을 찾아야 하는데 사망자의 심장을 얻기가 힘들어 아예 엄두를 내지 못했다. 수술을 하고 나서 환자가 잘못될까봐 늘 조바심이 났고, 환자가 사망하면 낙담이 컸다. 심장을 보면서 확인할 수 있으면 똑같은 실수를 하지 않을 텐데, 하는 아쉬움이 있었지만 레지던트인 내가 그 일을 해결할 수 있는 입장이 못 되었다.

서울대병원 흉부외과에서 레지던트 과정을 마치고 1969년에 일반외과 전문의 자격증을 땄다. 그때까지만 해도 흉부외과 전문의 시험이 없었다. 군의관으로 있을 때 흉부외과 전문의 시험이 생겨 복무 중에 다시 응시했고, 1970년에 흉부외과 전문의가 되었다. 결과적으로 두 개의 전문의 자격증을 획득한 셈이다.

혹독한 해병대 위탁교육

레지던트 4년차였던 1968년, 이영균 교수님의 호출이 있었다.

"이제 국방 의무가 남았군. 육, 해, 공 어디를 가나 군의관 임무가 주어질 터인데 내 의견으로는 해군에 갔으면 하네. 해군 군의감이 내 제자라 임무 중에도 학습에 도움이 될 걸세."

지도교수님의 말씀에 "무조건 가서 충실히 복무하겠습니다."라고 답했다.

1969년 2월 레지던트를 수료하고 3월에 해군으로 입대했다. 꽃샘추위에 고된 훈련을 받느라 피부는 검게 그을었고 몸은 깡마른 상태였다. 기초 군사훈련 8주, 해병대 위탁 교육 2주, 선상훈련 2주, 도합 12주 훈련을 받았다. 장교훈련은 일반 사병훈련보다 혹독하다. 다양한 경험을 쌓고 강도 높은 훈련을 받아야만 일반사병을 지휘할 수 있기 때문이다.

2주 간의 해병대 위탁교육은 아직도 생생하게 기억날 만큼 강도가 높았다. 계급장 없이 번호만 새겨진 군복을 입고 일반 사병인 조교의 명령에 따라 입에서 거품이 날 정도로 심한 훈련을 받았다. 야구방망이로 훈련병의 엉덩이를 사정없이 내려치는 모습은 공포 그 자체였다. 한대만 맞아도 퍽퍽 나가떨어지는 판에 20~30대를 맞아 실신하고, 허리를 잘못 맞아 병원에 실려 갔다가 입원한 훈련병도 있었다. 나도 야구방망이로 두드려 맞았고, 엉덩이가 터지면서 나온 피가 팬티에 엉겨 붙어 엎드려 자야 했다. 의지와 체력을 극한까지 몰고 가는 해병대 훈련은 1주가 1년같이 느껴졌다.

해병대 훈련 2주차, 산꼭대기에 달랑 줄 하나 걸어놓고 건너가는 외줄타기 훈련이 기다리고 있었다. 울며불며 도저히 못 건너가겠다는 사람, 중간

군의관 대표로 선서를 하고 있는 모습. 1969년.

에 매달려 오도 가도 못하는 사람을 보고 있자니 공포가 밀려왔다. 급기야 중간에서 겁에 질려 움직이지 않는 사람을 조교가 구해오는 모습을 보고 기가 질렸다. 내 차례가 되어 줄에 매달리고 보니 건너편 봉우리는 까마득하게 멀고 아래 골짜기는 현기증이 날 정도로 깊었다. 손에 힘을 주고 외줄에 몸을 바짝 붙여 조금씩 앞으로 나아갔다. 무사히 마치고 연병장에 돌아와 옷을 벗어보니 줄에 대고 있었던 가슴과 배, 허벅지의 피부가 다 벗겨져 피가 나고 있었다. 그래도 내가 건너왔다는 사실이 대견했다.

마지막 훈련은 완전군장을 하고 훈련소 연병장에서 20㎞ 정도 떨어진 천자봉 산꼭대기까지 뛰어서 갔다 오는 것이었다. 한 명이라도 낙오되면 모든 훈련생이 처음부터 다시 한다는 말에 나오느니 한숨이었다. 다른 사람을 위해서도 절대 낙오하면 안되는 상황이었다. 그런데 뚱뚱한 동료가 올라가는 도중에 체력이 급격히 떨어져 자칫하면 낙오할 것 같았다. 내가 M1총을 대신 들어주어 동료는 무사히 구보를 마칠 수 있었다. 한 동료가 연병장에 들어오는 순간 정신을 잃고 쓰러져 군의관이 달려오는 소동이 벌어졌다. 극도로 긴장을 하고 달리다 연병장이 보이자 졸도를 한 것이다.

해병대 훈련을 통해 정신만 바짝 차리면 못할 일이 없다는 것을 깨달았다. 훈련생 대표였던 나는 훈련생들의 소소한 형편까지 살피느라 이중으로 힘들었으나 잘 끝내 뿌듯한 마음이 들었다.

레지던트 3년 차에 결혼을 했던지라 군입대로 인해 아내와 별거 아닌 별거를 해야 했다. 훈련소 시절 면회 온 아내가 나를 못 알아봤다. 얼굴이 새카맣게 탄 데다 입대 전보다 더 말라 눈만 부리부리하니 다른 사람 같았단다. 힘든 훈련으로 인해 깡마른 나를 보던 아내의 눈가에 이슬이 맺혔다.

훈련을 마치고 내가 훈련생 대표로 임관선서를 했다. 끝이 보이지 않던 훈련을 마치자 자부심이 생겼다. 지옥훈련을 끝낸 것이 스스로도 대견했다.

대위로 임관하여 진해 해군병원에서 근무했다. 같이 훈련 받은 동료 60여 명은 뿔뿔이 흩어졌다. 주로 해병대 주둔 지역으로 배정을 받았고 4명만 진해에 남았다. 장교들은 일과가 끝나면 부대 밖에서 생활할 수 있었다. 진해 시내에 방 두 칸짜리 셋집을 얻어 살림을 차렸다. 비록 8평짜리 집이지만 가족과 함께 지내니 행복감이 밀려왔다. 아내는 시댁인 부산을 왔다 갔다 하느라 바빴지만 진해 생활에 만족해했다.

부대에서 근무하면서 박사과정을 시작했다. 자전거를 타고 출퇴근했는데 가끔 아이스크림을 사갖고 가서 아내와 나눠먹기도 하고, 영화를 보기도 했지만 박사과정 공부 때문에 대부분의 시간은 도서관에서 보냈나. 아내에게 미안했지만 마흔이 넘은 나이에 열심히 공부한 아버지를 생각하면 게으름을 피울 수 없었다.

당시 환자 중에 월남전 참전용사가 많았다. 전쟁터에서 부상을 입어서인지 일반 사병과는 다르게 과격했다. 일부는 월남에서 마약을 접하고 중독된 사람이었다. 그런 사람들은 마약성분의 진통제를 수시로 요구했다. 마약성분은 특수한 경우에만 사용해야 하는데 막무가내로 달라고 했다. 순한 군의관들은 강짜를 부리는 그들에게 휘둘려 결국 마약성분 진통제를 뺏겼다.

나는 그들의 고통을 충분히 이해하지만 원칙을 지켰다. 내가 엄하게 대하자 그들도 나에게 함부로 하지 못했다. 그들과 문제가 생기면 병원에서는 나에게 해결해달라고 부탁했다. 때로는 엄하게, 때로는 부드럽게 대하면서 대화를 하자 점차 환자들이 나를 신뢰하기 시작했다.

벚꽃이 만개한 4월 어느 날, 육영수 여사가 병원을 방문하여 환자들을 위로했다. 그런데 한 환자가 눈물을 펑펑 쏟으면서 “아파 죽겠는데 약도 안 주고 치료도 제대로 안 해 준다”는 하소연을 했다. 육 여사는 환자를 다독여주고 돌아갈 때 병원장에게 환자들 치료를 잘 해주라고 했다.

우리가 치료를 안 해줄 리가 있겠는가. 마약에 중독되어 치료용 마약을 시도 때도 없이 요구했던 환자였다. 꼭 필요할 때 외에는 환자의 요구를 들어줄 수 없는 상황을 설명하자 육 여사가 고개를 끄덕였다. 해군병원에서 수많은 환자를 보면서 많은 경험을 쌓았다. 다양한 경험을 하고 악전고투를 이겨내면 현장에서 환자를 대할 때 훨씬 수월해진다.

4부

삶을 이끌어주신 분들

삶을 이끌어주신 분들

사흘 만에 결혼을 결정하다

우리를 잘 키워주신 부모님을 만난 것이야말로 일생일대의 축복이다. 우리 여섯 남매는 부모님의 아낌없는 지원 아래 열심히 공부하여 각자 자신의 꿈을 펼칠 수 있었다.

부모의 슬하에서 독립하여 가정을 꾸릴 때 어떤 배우자를 만나느냐에 따라 또 삶이 달라진다. 의과대학을 졸업하고 인턴 시절부터 거의 병원에서 살다시피 했으니 누군가를 만날 틈이 없었다. 서서 밥을 먹을 정도로 바쁜 레지던트 3년 차, 우리 나이로 스물아홉이 되자 집안에서 결혼을 서두르기 시작했다. 집안 어른들은 장남인 나를 빨리 보내야 동생들도 갈 거라고 생각하신 듯하다.

1967년 봄, 서울의대 레지던트 3년 차인 나에게 부모님은 신붓감을 만나보라고 하셨다. 여러 집안 자녀들을 맺어준 분이 참한 신붓감을 소개했다면서. 딱히 여성에 대한 기준은 없었으나 당장 화려하게 보이는 사람은 부담스러웠다. 순수하고 닦으면 반짝반짝 빛날 수 있는 사람을 만나고 싶었다. 같이 삶을 개척하며 살아갈 사람이면 좋겠다는 생각이었다.

부인(정란희)과 약혼식에서의 기념촬영.

당시 의사는 최고의 남편감으로 꼽혔다. 그래서인지 첫 번째와 두 번째 만난 여성은 더할 나위 없는 조건을 가진, 이미 반짝반짝 빛나는 사람이었다. 그런 여성을 사귈 자신이 없어 거절 의사를 밝혔다.

세 번째 상대에 대한 얘기를 들었을 때 솔깃해져서 왠지 만나보고 싶다는 생각이 들었다. 일본 입교대학을 다니신 아버지와 일찍 돌아가신 어머니의 5남 5녀 중 10번째이며, 이화여대 사범대학 수학과를 나온 재원이라고 했다. 부모님께서는 며느릿감의 어머니가 일찍 돌아가셨다는 점이 마음에 좀 걸리지만 다른 것은 마음에 들어 하시는 눈치였다.

며칠 후 수술을 끝내고 나오니 구내 다방에서 누가 기다린다는 전갈이 왔다. 약속도 없이 찾아온 사람이 누구인지 짐작이 갔다. 저쪽 집안에서도 나를 탐색하고 있을 게 분명하다는 생각이 들었다. 아니나 다를까 선보게 될 여성의 아버지와 삼촌, 둘째 언니가 나를 기다리고 있었다. 둘째 언니는 불쑥 찾아와서 미안하다며 최근 어떤 자리에서 우리 외사촌 형수를 만났다고 했다. 그 자리에서 서로의 집안 내력을 얘기했다며 서울에 온 김에 만나보고 싶었다고 했다. 갑작스러운 자리였지만 기품 있는 분들과 의미 있는 대화를 나누어서 좋았다. 그분들을 뵙고 나니 빨리 상대를 만나보고 싶다는 생각이 들었다.

4월 중순 어느 금요일, 신부의 가족이 나를 보고 간 이틀 후 양가가 조선호텔에서 만났다. 마침 양가에 집안 행사가 있어 어른들이 서울에 와 계실 때였다. 급하게 마련된 자리에서 우리는 선을 보게 되었다. 다행히 내가 바라던 이상형이어서 마음이 놓였다. 순수한 모습에다 대화가 잘 통할 것 같은 느낌에 함께 노력하면 좋은 가정을 이룰 수 있을 거라는 생각이 들었다.

돌아오는 길에 어머니는 "장모될 분이 안 계신 데 괜찮겠나. 다 좋은데 그 점이 딱 하나 걸린다"고 하셨다. 솔직히 내 마음은 이미 기울어진 상태였다. 특히 큰 처형될 분과 큰 처남 될 분에게 호감이 갔다. 어머니에게 "큰 처형 되실 분이 장모 역할 하시겠던데요 뭐"라고 답했다.

사흘 뒤인 월요일에 아버지가 상경하셔서 장인 되실 분을 만났다. 그 자리에 신붓감의 삼촌과 큰형부도 동석했다. 신붓감의 삼촌이 학문이 깊은 분이라는 사실을 안 아버지께서 흡족해하셨다. 대화가 무르익어 그 자리에서 결혼날짜를 정하자는 얘기까지 나왔다. 신붓감의 큰형부가 "당사자들이 서울에 있으니 좀 더 만나본 뒤 최종 결정을 하는 게 좋겠습니다"라고 말했으나 사실 그 자리에서 우리의 결혼이 결정된 셈이다.

온양으로 떠난 신혼여행

양가 가족이 모여 일사천리로 결혼은 결정했지만 정작 당사자들이 데이트를 하지 않아 문제가 되었다. 내가 통 연락을 하지 않아 신부 측에서 오해를 하고 있었다는 걸 당시에는 전혀 몰랐다. 결혼한 이후 그 얘기를 듣고 웃은 적이 있다.

아내는 인생이 걸린 중요한 혼사가 얼굴 한 번 보고 결정되어 얼떨떨했다고 한다. 그런데 남편 될 사람이 열흘이 지나도록 아무 연락을 하지 않아 별별 상상을 다했다고 한다.

'무슨 문제가 있어서 갑작스럽게 결혼을 결정한 건가? 정작 결정하고 나서 후회하는 건 아닌가? 여자가 있나?'

아내가 그런 생각을 하며 속을 끓이고 있을 때 나는 돈이 한 푼도 없어 전전긍긍하던 중이었다. 만나면 밥도 먹고 영화도 봐야 하니 월급날까지 기다렸다가 첫 데이트를 할 요량이었다. 아내가 그렇게 걱정하는 줄 알았더라면 돈을 빌려서라도 연락을 했을 텐데, 내 생각만 하고 있었던 것이다.

아내의 큰 언니가 답답해하는 동생을 대신해 나를 만나러 왔다. 동생이 지금 이불을 쓰고 누워있다는 말에 할 말이 없었다. 나는 머리를 긁적이며 "돈이 똑 떨어져서……."라고 얼버무렸다. 나를 만나고 온 큰언니가 아내에게 "돈이 떨어져서 연락을 못했단다. 아주 솔직하고 좋더라"고 얘기했다고 한다.

월급날이 되어 연락을 했고, 그때부터 자주 만났다. 그런데 바쁜 병원 생활에 언제 시간이 날지 모르니 임박해서 연락할 수밖에 없었다. 그러면 아내는 그때부터 준비를 했고, 내가 한 시간 이상 기다려야 나타났다. 고데까지 하고 멋을 낸 모습에 그냥 빨리 오면 좋을 텐데, 하는 생각이 들었다.

당시 나는 계동 중앙고등학교 쪽에 살았는데 조금만 걸어가면 삼청공원이었다. 함께 저녁을 먹고 삼청공원까지 걷는 게 우리의 데이트였다. 10월까지 종종 만났는데 만날수록 마음이 끌렸다. 아내는 교수님으로부터 충청도 지역 중학교로 갈 것을 권유 받았지만 여자 혼자 보낼 수 없다는 집안의 결정으로 교사 생활을 하지 못했다고 한다.

혼인을 결정하고 한 달 후 약혼식을 했다. 1967년 봄, 나의 평생 길벗인 정란희와 공식적인 사이가 되었다. 약혼식을 마치자 큰처남 되실 분이 축하 인사를 건네며 나를 진작부터 알고 있었다고 했다. 고교 동창인 예방의학 전문의 권 교수님을 통해 들었다고 했다.

"우리 란희와 혼삿말이 나왔을 때 내가 권 교수를 통해 자네 신상에 대해 알아봤었네. 권 교수가 자네에 대해 극찬을 하여 내심 기뻤고, 마음이 든든했었네."

권 교수님이 나에 대해 좋은 말을 해준 것이 고마웠다. 부모님께서는 봄에 결혼하길 원하셨지만 나는 가을에 하겠다고 말씀드렸다. 그 봄에 신부의 막내오빠 결혼이 예정되어 있었기 때문이다.

1967년 10월 25일 서울대학교병원 외과 과장 진병호 교수님의 주례로 남산에 있는 드라마 센터에서 결혼식을 올렸다. 사계절을 사귀어본 후 결혼하라고 하지만 첫 만남에서 결혼을 결정한 나와 아내는 50년 동안 잘 살고 있다. 서로의 가족에 대해 파악하고 결정한 것이 롱런의 비결이라 생각한다.

혼례식이 끝난 후 우리는 온양으로 신혼여행을 떠났다. 원래 설악산으로 가려고 했으나 속초행 비행기표를 도둑맞아 방향을 바꾼 것이다. 결혼식 며칠 전, 미리 사 놓은 표를 양복 안주머니에 넣어두고 수술을 위해 자리를 비운 사이 감쪽같이 사라진 것이다.

갑작스럽게 여행지를 바꾸었지만 아내는 괜찮다며 오히려 나를 다독여주었다. 아내는 결정된 사항에 대해서는 적극적으로 밀어주는 성격이다. 내가 평생을 살면서 고마워하는 점이다. 티켓이 없어진 것에 대해 아무런 타박도 하지 않고, 새로 구입한 기차표로 온양으로 가는 것만 생각하는 게 아내의 스타일이다.

밝고 활기찬 아내의 기운

우리는 신혼 여행지에서 지나온 이야기와 앞으로 인생을 설계하며 즐겁고 소중한 시간을 가졌다. 나는 훌륭한 심장외과 의사가 되는 게 꿈이라는 포부를 밝혔다. 아내는 흥미진진한 여고 입학담을 들려주었다. 상주여중 졸업 당시 가장 가까운 친구가 서울로 유학 간다는 말에 자극을 받은 아내도 서울에 가기로 결심했다. 아버지의 반대에도 불구하고 무조건 상경해서 성신여고 입학시험을 쳤다. 하지만 집에서는 어린 나이에 외지로 나가면 안 된다며 입학금을 주지 않았다.

그래도 친구와 함께 서울에서 공부하고 싶었던 아내는 입학식이 끝난 한 달 후에야 겨우 허락을 받고 상경했다. 당시 서울에서 하숙을 하고 있던 둘째오빠가 학교로 찾아가 동생의 입학을 위해 교장선생님을 만났다. 아내의 큰언니가 옛날 성신가정학교에 다닐 때 공부도 잘하고 붓글씨를 잘 써국전에 입선한 일이 있었다. 둘째 오빠가 큰언니 얘기를 하자 교장선생님이 "정재규 동생이면 두말 할 것도 없네"라며 입학을 허락하여 아내의 학교생활이 시작되었다. 한 달 늦게 입학하는 바람에 교실에 자리가 없어 둘이 앉는 의자에 세 명이 앉아서 한 학기를 보냈다고 한다. 어릴 때부터 마음먹은 일을 반드시 실천하는 아내는 나중에 세종병원 이사장으로 부임해 나에게 큰 힘이 되었다.

아내는 고등학교를 졸업하고 다시 대구로 갈 뻔했다. 큰오빠가 대구에 있는 초급대학에 들어가 자신의 집에서 다니라고 권했기 때문이다. 아내와 친구는 서로의 집안에 가서 부탁을 해보기로 했다. 친구가 아내의 집에 와서 "란희 이화여대 보내주세요. 서울에서 저랑 같이 다니게 해주세요"라고 읍소했다. 또 아내는 친구의 집에 가서 친구를 이화여대에 가게 해달라고 간청했다. 친구와 아내는 2년만 다니더라도 이화여대를 가겠다며 고집을 피웠고, 결국 이화여대 사범대학 자연과학부에 합격했다. 큰소리를 쳤지만 정작 합격자 발표가 있던 날 낙방했을까봐 입술이 마르도록 속이 탔다고 하여 함께 웃었다.

아내는 "그 친구가 없었으면 서울 올 생각도 안했고, 대구로 돌아갔으면 박영관 씨는 만날 수 없었겠네요" 하면서 웃었다. 아내는 "어떤 친구를 사귀는가, 옆에 어떤 사람이 있는가가 정말 중요하다"는 말을 종종한다.

아내의 밝은 성격은 집안을 활기차게 했다. 계동집에서 할머니와 동생들과 함께 지내는 것을 조금도 꺼려하지 않았다. 계동 한옥은 대지가 23평에 불과한데 방 3개에 부엌과 마당, 장독대까지 있었다. 그러니 방이 얼마나 작았겠는가. 제일 작은 방은 가로 세로 2m 밖에 안 될 정도였다. 안방에 장롱을 들여놓으니 이부자리를 깔 공간이 부족했다. 아내는 이불을 뜯어 눈대중으로 솜을 쓱쓱 잘라내더니 홑이불을 접어 다시 바느질을 했다. 그 모습을 본 할머니가 "너는 일을 참 쉽게 하는구나. 어떤 일을 맡겨도 겁을 안 내겠다"며 감탄하셨다. 조용한 성격의 어머니는 며느리의 그런 활달함에 좀 놀라는 눈치였다. 우리가 결혼한 후 할머니는 부산으로 가셨다. 우리의 신혼은 막내 남동생과 여동생 두 명과 함께 시작됐다. 아내는 군말 한마디 없이 살림을 잘 해냈다.

부모님은 우리에게 계동집을 팔고 병원 부지를 사놓은 신촌 쪽으로 이사하라고 하셨다. 부모님도 서울로 오셔서 신촌 쪽에 병원을 낼 계획이었다. 계동집은 '서울대학에 합격하는 집'이라고 하여 쉽게 팔렸다. 계동집에서 우리 삼형제뿐만 아니라 사촌을 비롯한 친척 형제 여러 명이 서울대에 합격했다. 그해에 막내 여동생이 이화여대에 떨어졌다. 집을 팔아서 떨어졌다며 원망을 했는데 그럴 리야 없겠지만 정말 계동한옥은 우리 형제들에게 추억과 행운을 가져다준 집이다.

집은 쉽게 팔렸지만 여러 가지 여건이 맞지 않아 신촌 쪽으로 이사하지 못하고 임시로 수유리에 전세를 얻었다. 몇 달 후 신촌으로 다시 이사했으나 결국 아버지가 병원을 내는 일은 이루어지지 않았다.

존경하는 세 분의 아버지

아침에 나가서 밤중에 돌아오는 레지던트 때 결혼을 했으니 가정을 돌볼 틈이 없었다. 개를 수술하는 실험을 할 때면 아예 밤을 새야 했다. 다음

날 집에 가면 아내는 잔소리를 하기보다 오히려 고생했다며 나를 걱정해주었다. 병원 일로 늘 바빠 아내와 오붓한 시간을 가질 수 없어 안타까웠다.

"아내와 시간을 같이 안보내면 나중에 사이가 안 좋아진다. 집안에 문제가 생긴다"는 말들을 하지만 아내는 그런 일로 한 번도 나에게 불만을 말하지 않았다. 그래서 마음 놓고 일을 할 수 있었다. 결혼한 지 1년 만인 1968년 8월 우리에게 귀한 선물인 큰 딸 선미가 태어났다. 집안일에 아기까지 돌보느라 힘든 데도 아내는 내색을 하지 않았다. 내가 함께 하지 못하니 딸이라도 위로가 되길 바라는 마음이었다.

바쁜 가운데서도 기쁜 일들이 많았다. 1970년 2월 의학박사 학위를 받던 날이 특히 기억에 남는다. 내가 존경하는 삼부三父가 나를 축하하러 온 날이기 때문이다. 나에게 삼부는 나를 낳아 길러주신 아버지와 나의 반려자를 낳아 길러주신 장인어른, 나의 학문의 아버지인 이영균 교수님이시다. 특

이영균교수님과 함께

아버지, 장인어른과 함께

히 아버지는 누대를 내려오면서 50세를 넘기지 못하는 단수, 단명 혈통임에도 불구하고 거뜬히 쉰을 넘기고 건강하여 더욱 감사하며, 아버지로서, 가장으로서, 의사로서 모든 면에서 내가 본받고 싶은 분이시다.

아내는 5남 5녀 중 10번째인데 나중에 새 어머니가 오셔서 12살 아래인 여동생이 태어났다. 모두 밝고 명랑한 성격인 아내의 형제들은 자신들의 위치를 성실히 지키며 모범적인 생활을 하고 있다. 자랄 때 장인어른은 강요하지 않고 꾸지람을 하지 않으셨다고 한다. "스스로 느끼고 결정하라"는 것이 장인어른의 교육철학이었다는데 장인어른은 나를 만날 때마다 늘 잘했다고 칭찬해주셨다. 내가 무슨 얘기를 하든 고개를 끄덕이며 들어주셨다. 어른이 되어서도 칭찬받으면 기분이 좋아지는 법이다. 우리의 기분을 살려 더 일을 잘 하게 용기를 북돋아 준 분이 바로 장인어른이시다.

이영균 교수님은 나를 제자이자 심장외과 후배로 늘 사랑해주고, 졸업 이후까지도 세심하게 돌보아 주셨다. 그날 삼부는 막 두 살이 된 딸 선미를 안아주면서 우리 가정의 건강과 장도를 빌어주셨다. 매사에 배려가 부족한 나에게 큰 사랑의 선물을 주신 것이다.

1970년 3월 서울 해군병원으로 전근한 이후 소령으로 진급했다. 그해 4월, 9대 장손인 귀한 아들 진식이가 태어났다. 가을에는 등촌동 국군통합병원의 초대 흉부외과 과장으로 부임했다. 이듬해 처음으로 내 집을 장만했다. 경기도 안양에 중앙개발에서 개발한 대지 70평에 건평 24평인 주택을 분양받았다. 70만 원 융자를 안고 산 240만 원짜리 집이었지만 내 집을 갖게 된 감격에 쉬 잠이 오지 않았다.

1971년 5월부터 10월까지 이동징병 검사반장이 되어 충북 일대와 경기도 남부 일원의 장병 신체검사를 맡았다. 다른 지역은 병무청 직원들과 군의관 사이에 사고가 잦았으나 우리는 화합이 잘 되어 지금까지도 자주 만나고 있다. 1971년 11월 사랑스러운 둘째 딸 선영이 태어났다.

수분, 노력, 저축을 남긴 아버지

내 가정을 이루고 행복을 가꾸어갈 때 뜻하지 않게 아버지와 작별할 시간이 다가오고 있었다. 의사로 살면서 많은 죽음과 맞닥뜨렸다. 편안하게 살다가 천수를 누리고 가신 분들은 축복이지만 평균수명을 다하지 못하고 병으로 인해, 사고로 말미암아 세상을 떠나면 마음이 아팠다.

하물며 가족일 때는 어떠하겠는가. 1974년 3월, 넷째 찬식이가 태어나 특별히 행복했던 그 때 청천벽력과도 같은 소식이 날아왔다. 아버지가 음식을 삼킬 수 없는 '연하곤란' 증세를 보여 검진을 받은 결과 식도암 판정이 나온 것이다. 그야말로 마른하늘에 날벼락이었다.

아버지는 한양대학병원 김근호 교수님의 집도하에 수술을 받고 3주간 치료를 받은 후 부산으로 가셨다. 아내가 부산에 갔을 때 아버지는 등이 흥건할 정도로 땀을 흘리며 문중의 물건들을 정리하고 계셨다고 한다. 그때 아버지가 편지를 비롯한 각종 자료를 일목요연하게 정리하여 넘겨주셨기에 나중에 가전을 만들 수 있었다.

시련이 이어졌다. 내 건강에도 문제가 생긴 것이다. 신장결핵으로 인한 요로협착이 와서 요로 확장 수술을 해야 한다는 진단이었다. 내가 수술 후 한 달간 치료를 받고 퇴원하자 이번에는 아버지가 장 유착증으로 재수술을 받으셨다.

집안의 우환이 계속되는 와중에 세 살 배기 둘째 딸을 잃어버리는 사건이 벌어졌다. 병원에서 아버지 병수발을 하던 아내와 나는 혼비백산하여 집으로 달려가 골목골목을 누볐지만 찾을 수가 없었다. 경찰차를 타고 확성기로 외치면서 돌아다니던 중 이웃 주민들의 도움으로 딸을 찾았다. 그 일을 생각하면 지금도 식은땀이 난다. 다시 한번 그날 도와주신 분들에게 감사드린다.

우리는 여러 차례 이사를 했다. 계동에서 수유리로, 수유리에서 신촌으로, 신촌에서 부산으로, 부산에서 진해로, 진해에서 다시 부산으로, 부산에서 서울 안암동으로, 안암동에서 미아리로, 미아리에서 경기도 안양으로, 안양에서 다시 수유리로 뱅글뱅글 돌았다. 1974년 수유리에서 반포아파트 104동으로 이사를 했다. 1967년 가을에 결혼하여 1974년 봄까지 평균 반년에 한 번씩 이사를 한 셈이다. 아버지의 치료를 위해 부모님도 부산 살림을 정리하여 같은 아파트 단지 84동으로 오셨다. 아내는 그날로부터 눈만 뜨면 시댁으로 달려갔다. 아침에 가서 저녁까지 시댁에 머물며 두 분의 식사를 준비하고 옆에서 보살폈다.

안타깝게도 아버지의 병세는 나아지지 않았다. 아버지 생전에 짝을 맺으라는 어머니의 간곡한 권유에 막내 영호는 서둘러 그해 11월에 결혼식을 올렸다. 미국에 있는 태우 내외도 귀국해 아버님을 뵙고 동생 결혼식에 참석했다.

얼마 후, 아버지는 식음마저 전폐하셨다. 말도 할 수 없는 상황이었다.

창백한 아버지는 손 글씨로 지필묵을 가져다 달라고 하셨다. 대학 입학 때 아버지께 선물 받은 벼루집이 생각나 급히 집으로 가서 벼루와 붓을 챙겼다. 아버지는 한지 위에 '守分 努力 貯蓄'이라는 가훈을 정성들여 쓰셨다. 아버지가 우리 6남매에게 남기는 '유언서'라는 것을 짐작할 수 있었다. 힘겹게 생명을 부지하는 아버지가 꼿꼿한 자세로 가훈 여섯 장을 쓰실 때, 나는 어금니가 으스러지도록 입을 다물고 천장을 쏘아봤다.

아버지가 쓰신 가훈을 보자 지난날이 하나둘 떠올랐다. 아수라장이었던 6·25의 난리통 속에서도 군의관과 원장으로서의 소임을 다하신 아버지, 찢어진 가죽 장갑을 검은색 반창고로 붙여 끼던 모습, 일가친척이나 친

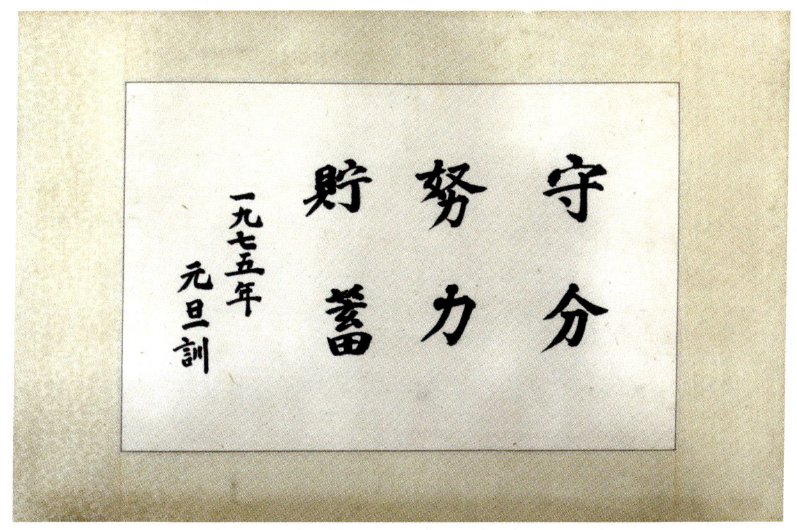

가훈사진

구 분 자녀가 상급학교에 진학하거나 축하할 일이 생기면 필히 축전을 보낸 일, '아는 것이 힘'이라며 불혹의 나이에도 토끼 실험으로 박사학위를 취득한 나의 아버지. 그 아버지의 병약한 모습에 가슴이 찢어질 듯했다.

가훈을 다 쓴 아버지는 미리 준비해 둔 선대의 유묵을 나에게 넘겨주시면서 내 손을 꼭 잡았다. 내 손을 당겨 입 맞출 때, 나는 아버지를 두 팔로 꼭 안아드렸다. 순간 아버지는 젖먹이 아기 같았고, 나는 비로소 보호자가 된 느낌이었다. 철이 든 후 아버지를 포옹해 본 것은 그때가 처음이자 마지막이었다. 병마에 대한 한계성과 생명에 대한 유한성 앞에서 의학박사 부자는 겸허해질 수밖에 없었다.

며칠 후, 주치의인 김근호 교수님이 나를 불러 아버지의 여생이 며칠 남지 않았다고 일러주었다. 나는 즉시 청도의 선산으로 내려가 아버지 모실 자리를 준비했다. 1975년 1월 25일이었다.

다음 날, 내가 상경하기 전 아버지가 세상을 떠나셨다. 아버지의 임종은 아내와 막내 영호가 지켰다. 마지막 순간 아버지를 뵙지 못한 것이 한으로 남아 있다. 8·15, 6·25, 4·19, 5·16. 그 가시밭을 맨발로 건너오신 아버지는 한마디 말씀도 남기지 않고 영면의 세계로 홀로 떠나셨다. 그때 아버지가 쓴 가훈은 6남매 집에 소중히 보관되어 있으며 나는 그 가훈을 장남인 진식이에게 주고 가훈대로 살 것을 당부했다.

아버지는 일생을 검소하게 살며 의사 직분에 충실하셨다. 잠시도 쉬지 않고 열심히 일했고 끊임없이 공부하셨다. 아버지의 삶을 지켜본 나도 어느새 아버지를 그대로 닮아가고 있었다.

5부

학문과 의술의 길

학문과 의술의 길

흉부외과 전문의로 출발하다

제대가 얼마 남지 않은 1972년 어느 날 이영균 교수님은 곧 사회 초년생이 될 나를 따뜻하게 맞아주었다. 나에게 군 생활 잘 했다는 칭찬을 하며 한 가정의 가장이 되었으니 책임감이 무거울 거라고 했다. 감사를 드리는 내게 이 교수님은 사회야말로 '숨 가쁜 전장'이라는 걸 강조했다.

"흉부외과 전문의로 시작하는 사회 신입생인 자네에게 영국속담으로 격려사를 대신하려하네. '독수리의 눈, 사자의 심장, 여자의 손' 이 말만 명심하면 어떤 고난도 능히 헤쳐 나갈 수 있을 걸세."

이영균 교수님은 외과의사가 가져야할 덕목을 하나하나 짚어 주었다. 외과의사들은 평소 수술에 대비하여 바느질 연습을 많이 하는데 나도 섬세한 실력을 갖추기 위해 페트병을 잘라서 그 안에 천을 넣고 연습했다. 지침기 끝에 바늘을 달아서 세심하게 움직였다. 시간이 갈수록 손이 빨라지고 바느질 솜씨도 나아졌다.

이 교수님은 내가 제대 후 바로 일할 수 있도록 각별히 관심을 가져주었다. 한강성심병원 재단이사장을 소개해주었는데 흉부외과가 없어 일을 시작하진 못했지만 제자의 취직까지 걱정해주는 은사의 사랑에 깊이 감동했다.

3월에 다시 이영균 교수님과 함께 백병원을 방문했다. 백병원에서는 나의 부임을 긍정적으로 검토했고 1972년 5월 1일, 중구 저동에 신축한 백병원의 흉부외과 초대 과장으로 취임했다. 병원의 기대에 부응하고 은사님의 이름에 먹칠을 하지 않도록 책임감을 갖고 일에 임했다.

당시 백병원은 병원신축으로 재정이 빠듯했던 터라 가끔 월급이 늦게 나오기도 했다. 어느 날, 과장들이 모여 항의의 뜻으로 그날 오후부터 진료를 하지 말자고 논의했다. 나는 그 말을 그대로 믿고 오전근무를 마친 뒤 신경외과 박 과장과 명보극장에 가서 영화를 보고 퇴근했다.

다음날 병원장이 우리를 호출했다.

"다른 과장들은 모두 근무했는데 두 과장은 어제 오후에 왜 진료를 하지 않은 거요?"

우리는 아무 말도 하지 못했다. 다같이 근무하지 말자고 해서 그런 줄 알았는데 다른 과장들은 병원장이 두려워 정상근무를 했던 것이다. 의사가 진료를 거부한 것은 변명의 여지가 없으니 다른 과장들을 원망해봐야 소용없는 일이었다. 무엇보다 나를 백병원에 올 수 있도록 주선해주신 이영균 교수님에게 죄송했다. 나는 병원장에게 사과하고 그 이후부터 결코 내 자리를 떠나지 않았다.

백병원에 근무한지 일 년이 채 안된 1973년 3월 이영균 교수님이 흉부외과를 신설한 한양대학교를 소개해주었다. 제자가 심장병 전문의 꿈을 펼칠 수 있도록, 부단히 알아보신 결과였다. 아버지가 대학교에 가서도 훌륭한 은사님을 만나야 한다고 당부하셨는데 이영균 교수님이 바로 그런 분이다.

한양대학교 흉부외과 과장인 김근호 교수님은 하얼빈 의과대학에 입학했다가 6·25 동란 때 단신 월남하여 전남대학교 의과대학을 졸업한 분이다. 후일 독일 뒤셀도르프 대학병원에 취업하여 1년간 일한 후 다시 전남대학교 의과대학 흉부외과 교실을 이끌었다. 우리나라 흉부외과의 1세대라고 할 수 있다. 이제 막 시작하는 흉부외과인만큼 제대로 기술을 익히려면 경험있는 선배의사와 함께해야 한다는 것이 이영균 교수님의 판단이었다. 내가 모든 걸 책임져야 하는 백병원보다 배울 수 있는 한양대학교에서 일하게 되어 다행스러웠다.

개척정신으로 임한 신생아 심도자 검사

34세에 한양대학교 의과대학 전임강사 발령을 받아 15년 선배인 김근호 교수님과 근무하게 되었다. 열정적으로 일하고 싶은 의욕이 불타올랐다. 그러나 한양대 병원에서 심장수술 받는 사람이 거의 없다는 점이 문제였다. 대부분의 수술은 폐와 관련된 것이었다. 매일 수술로 바쁜 데도 허전하기만 했다.

그러던 어느 날, 마취과를 지나다가 거대한 물체가 포장된 채 한쪽에 세워져 있는 게 보였다. 뭔가 해서 포장을 벗겨보았더니 12가지 생체 신호를 받아 기록하는 신형 심혈관 생체신호 기록기였다. 수입한 회사가 납품을 하고 바로 부도나는 바람에 기계를 설치할 기술자가 없어 방치된 상태였다. 나는 과장님들과 의논하여 그 기계를 흉부외과로 옮겼다. 심장 검사 시 필요한 첨단기계를 어떻게든 활용해야겠다는 생각에서였다.

그날부터 심혈관 생체신호 기록기 설명서를 번역하며 실험에 집중했다. 그러나 실험의 완성단계에서 압력의 오차라는 문제가 생겼다. 사용설명서를 찾아보니 하필이면 그 부분을 설명한 내용 6페이지가 뜯겨나가고 없었다. 당시 통신 사정으로는 본사에 연락하기도 힘든 상황이었다. 그래서 같은 기계가 있는 병원을 찾아가보기로 했다.

마침 서울대학교병원 중환자실에 동일한 기계가 있다는 소식을 듣고 바로 달려갔다. 서울대에서 똑같은 기계를 봤을 때 너무 반가워서 눈물이 나올 뻔 했다. 나는 설명서를 얻어 뜯겨져나간 6페이지를 복사하여 돌아왔다. 바로 번역을 해서 집념을 가지고 검사를 한 결과 각각 다른 보정치가 있다는 것을 알아냈다. 탄성이 절로 나왔다. 버려진 폐금광에서 금줄을 찾은 광부의 심정을 알 것 같았다.

드디어 심혈관 생체신호 기록기가 정상동작을 시작했다. 이후 심장 진단에 필요한 것들을 하나씩 추가해 나갔다. 비로소 심도자 검사를 위한 준비가 완벽히 갖춰졌다. 심도자 검사란 심장 내의 압력과 산소 농도를 측정하는 것을 뜻한다. 쉽게 구부러지는 1~2m의 긴 고무관으로 심장 각 부분의 압력과 산소 포화도를 검사하게 된다.

곧바로 심장에 관련된 각 과의 젊은 교수들을 중심으로 심장 콘퍼런스를 준비했다. 매주 수요일 내과, 소아과, 마취과, 흉부외과, 방사선과 등 각

과의 교수들이 만나기로 했다. 콘퍼런스의 좌장은 내과 교수에게 맡기고, 나는 매주 콘퍼런스에 올릴 환자를 물색했다. 각 과에 연락하는 총무 역할도 내가 맡았다. 모두가 배움의 열망을 갖고 있던 터라 의기투합하여 콘퍼런스를 계속했다. 점차 짜임새가 생긴 그 모임을 통해 많은 것을 배웠다.

콘퍼런스는 배움의 장을 넘어서서 수술 진행에도 큰 도움이 되었다. 한 번은 15세 된 심신중격 결손증 환자의 검사 결과에 대해 논의하던 중 의견 차이로 심장내과 교수와 얼굴을 붉힌 일이 있었다. 또 한 번은 방사선과 교수와 투시장비 사용에 대한 오해로 싸운 적도 있다. 그런 문제가 생길 때마다 콘퍼런스를 다시 열어 의견 차를 좁히고 관계도 회복했다.

당시만 해도 의사 사회가 매우 권위적이어서 난관에 부딪힌 적도 있으나 콘퍼런스를 통해 많은 것을 해소할 수 있었다. 심장학이 미개척분야여서 모두들 개척정신을 갖고 열정적으로 임했다. 나는 눈 덮인 에베레스트를 오른다는 도전정신으로 그 시설을 살았다.

당시 가장 어려운 환자는 선천성 심장병을 안고 태어난 신생아였다. 신생아의 심도자 검사는 성공확률이 희박해 대부분의 의사가 기피했다. 하지만 피하고 있으면 10년 뒤에도 같은 상황이 반복되어 신생아 생존율은 제자리걸음을 할 게 분명했다. 그래서 나라도 시작해보자는 결심을 했다.

생후 3일 된 신생아의 심도자 검사를 하기로 결정했다. 검사를 하지 않으면 며칠 내로 사망할 게 뻔했다. 성공확률은 희박하지만 0.1%의 가능성에 매달리기로 했다. 그 분야의 젊은 소아과 교수와 숙의한 뒤 환자 부모의 승인을 받고 검사를 시작했다.

탯줄 정맥을 통해 심장 안에 카테타(고무줄)를 넣기로 했다. 탯줄 정맥을 통한 심장 검사로 국내 첫 사례였다. 심혈을 기울여 검사했으나 안타깝게도 아기가 이틀 만에 숨을 거두고 말았다. 하지만 굴하지 않고 신생아의 심도자 검사에 도전했다. 점차 검사의 성공률이 높아졌고, 검사 자료들을 공유한 의사들이 신생아의 심도자 검사에 도전했다. 더 이상 의사들이 신생아 심도자 검사를 기피하지 않게 되었다.

요즘은 신생아의 심도자 검사를 그리 어렵지 않게 진행한다. 초창기 우리들이 용기를 내지 않았다면 한참 늦어졌을 것이다. 신생아 심도자 검사에 도전한 것은 자랑스러운 일이다. 나의 도전에 대해 의학계에서 소아심장학, 소아심장외과학 발전에 큰 공헌을 했다고 인정해준 것에 감사한다.

독일 취업연수의 행운

신생아 분야에 대한 모험과 도전을 계속하던 어느 날, 김근호 교수님이 나를 불렀다.

“자네 독일에 가서 좀 더 수학하는 게 어떻겠나. 자네가 열심히 하는 모습을 보니 앞으로 큰 재목이 될 거라는 믿음이 생기네.”

김근호 교수님이 어깨를 두드려줄 때 가슴이 뿌듯했다. 힘들게 연구하는 모습을 지켜보며 응원해준 것이 고맙기만 했다. 김근호 교수님은 나를 특별히 아끼며 앞으로 후계자로 키우고 싶다는 의중을 간접적으로 비추었다. 의료선진국에 가서 심장의학에 대해 더 깊이 배울 수 있다면 그 이상 좋은 기회는 없었다. 배움에 목말라있던 나에게 단비와 같은 소식이었다. 나는 두말하지 않고 가기로 결정하고 계획표를 작성했다. 우선 남산에 있는 독일문화원에 가서 독일어 공부를 시작했다.

뒤셀도르프병원은 심장외과의 대가인 볼프강 비륵스 교수가 재직하는 병원이었다. 그곳에 가서 첨단의학을 배울 수 있다는 생각에 가슴이 벅차올랐다. 1975년 8월, 드디어 독일로 향했다. 당시 우리나라에서 심장수술을 제대로 하는 병원은 서울대병원과 세브란스병원 정도였다. 일 년에 200회 이상 수술해야 심장수술을 한다고 말할 수 있는데 다른 병원의 수술횟수는 10~20회에 불과했다. 그런 상황에서 독일로 가게 되었으니 너무도 큰 행운이었다.

한 가지 마음에 걸리는 건 어머니였다. 1월에 아버지가 작고하시고, 둘째는 미국에서 살고 있었다. 그런 데다 막내 영호가 5월에 미국 유학을 떠날 예정이었다. 나마저 독일로 가면 어머니가 얼마나 외로우실까. 송구하고 죄스러웠지만 좋은 기회를 놓치고 싶지 않았다.

당시 해외 병원 취업연수를 가는 건 매우 드문 일이었다. 유럽 여러 나라는 자국에서 의사면허를 취득하지 않은 사람에게 의료행위를 허락하지 않았다. 다만 독일은 초청한 교수가 인정하면 그 병원에서 의료행위를 할 수 있었다.

김근호 교수님은 뒤셀도르프 대학병원의 흉부외과 주임교수 비륵스와 친밀한 관계였다. 비륵스 주임교수에게 "내 제자인데 앞으로 클 사람이니 잘 지도해주면 좋겠다. 박영관을 독일에 의사로 취직시켜주면 좋겠다"는 편지를 보내 내가 가게 된 것이다. 김 교수님이 독일에서 연수받을 때 레지던트였던 비륵스와 친분을 쌓은 덕분이었다. 그 시절에 친해놓지 않았으면 왕이나 다름없는 주임교수에게 부탁할 수 없었을 것이다. 나로서는 굉장한 행운이었다.

조건도 파격적이었다. 해외 연수조차 드문 시절 어렵게 6개월 독일 연수 기회를 얻은 동기 두 사람이 매달 장학금으로 600마르크를 받았다. 그런데 나는 의사로 취직해 2년간 매달 2,000마르크의 월급을 받았다. 돈보다 더 중요한 것은 의사로 그 병원의 모든 시스템을 익히고 수술에 참여하여 실전을 쌓았다는 점이다.

독일에 도착하여 200년의 역사를 가진 뒤셀도르프 병원의 시설을 돌아봤다. 감탄을 금할 수가 없었다. 미국 병원은 한 건물에 전부 모여 있는 호스피털 시스템으로 운영된다. 우리나라도 미국과 비슷한 형태이다. 반면 독일은 클리닉 시스템이다. 큰 캠퍼스에 내과건물, 흉부외과 건물, 치과 건물이 뚝뚝 떨어져 있었다. 대학캠퍼스에 단과대학이 여기저기 산재해 있는 것과 같은 형태이다. 놀라운 것은 각각의 건물이 지하로 다 연결되어 있다는 점이다. 음식이나 빨래를 한군데서 마련하여 각 부서에 나눠주었다. 뒤셀도르프 병원에서 '나중에 이런 병원을 세우고 싶다'는 꿈을 꾸게 되었다.

부지런한 독일 의사들

뒤셀도르프 병원은 우리나라 병원보다 약 2시간 빠른 오전 7시에 수술을 시작한다. 7시에 수술을 시작하려면 환자는 6시까지 수술실 바로 옆방인 마취실로 들어와야 한다. 마취실에서 주사 처치할 경로를 모두 만들고,

손목 동맥에 카테타를 넣고, 항상 혈압을 잴 수 있도록 준비한 뒤 마취된 상태에서 수술실로 환자를 옮긴다.

나는 5시 경 병원에 도착해 옷을 갈아입고 모든 준비를 끝냈다. 그렇게 일찍부터 준비하여 7시에 수술을 시작하는 게 참으로 인상적이었다. 수술을 일찍 시작하니 모든 일과가 오후 3시면 끝났다. 그때부터 그날의 마지막 의국회의가 열린다. 오늘 무슨 일이 있었고 내일은 무슨 일을 할 것이며, 일주일간 어떤 일이 진행된다는 걸 모두가 주지하고 3시 30분이면 해산한다.

바로 퇴근하는 게 아니라 그때부터 잡무를 처리한다. 가장 중요한 건 환자를 보내준 의사에게 편지 쓰는 일이다. 오늘 어떻게 수술했고, 환자의 지금 상태는 어떻고, 어떤 병실에 있다는 걸 자세하게 알린다. 그 환자가 퇴원하면 퇴원요약서 3통을 마련하여 보험회사를 비롯하여 필요한 곳에 보낸다. 퇴원요약서는 직접 쓰는 게 아니라 녹음을 해서 의무기록실로 보내면 직원이 헤드폰을 끼고 받아 적는다. 처음에는 내 발음이 좋지 않아서 딕테이션(dictation) 하는 사람들이 못 알아듣겠다고 했다. 그러니 내가 직접 작성하는 수밖에 없었다. 한 3개월 정도 지나면서 내 발음이 많이 나아져 담당 직원들이 작성하게 되었다. 보고서 작성이 끝나면 다음날 수술할 환자에 대한 준비를 하고 6시 경에 퇴근했다.

독일에서 2년간 공부하는 동안 매달 김근호 교수님과 한양대학교 김연준 총장님에게 편지를 보냈다. 보고 의무는 없지만 나를 독일에 파견해 준 것에 대한 고마움에서 내가 어떻게 생활하는지, 어떤 기술을 습득하고 있는지 상세히 알렸다. '여기 와서 수술실을 보면 오케스트라를 연주하는 기분입니다. 각자 일하지만 전부 한 목적을 갖고 일하기 때문에 하모니가 정말 잘 됩니다'라고 쓴 기억이 난다. 심장병 수술 환자가 수술을 받고 급성기 병원에서 1~2주 지나면 요양병원(쿠어하우스)으로 옮겨 재활치료를 1~3개월 받은 후 사회에 복귀한다. 수술실에서 요양병원에 가기까지 직원들이 하모니를 이루며 열심히 뛰는 모습은 아름답기 그지없었다. 요양병원에 가는 것으로 끝나지 않는다. 요양을 하는 상황, 요양을 마치고 쿠어하우스를 떠날 때의 상황을 그쪽 의사들이 일일이 글로 써서 뒤셀도르프 병원의 담당 의사에게 보내주었다. 철저한 기록 시스템을 나도 본받고 싶었다. 그래서 나도 독일에서의 생활을 자세하게 기록해 두 분에게 보낸 것이다. 고마움도 표하고, 조금이라도 빨리 내가 배운 것을 한국에 알리고 싶은 마음에서였다.

요즘 우리나라도 의무기록이 전산화되어 환자가 이동할 때면 병원들이 그 기록을 주고받는다. 편지와는 다르지만 환자 기록이 정확히 오고 가는 것은 잘된 일이고 필요한 시스템이다. 그런 시스템이 없을 때 부지런히 편지를 써서 고국으로 부칠 때 뭔가 새로운 문물을 전하는 기분이었다.

병원 일을 마치고 6시경에 집에 가서 저녁을 먹고 폭스 혹슐레로 달려갔다. 폭스 혹슐레는 일종의 평생교육기관으로 독일의 모든 지방에 개설되어 있다. 거기에서 매우 저렴한 가격으로 독일어를 배웠다. 독일에 가서도 6개월 동안 열심히 공부했다. 독일로 가기 전에 남산학원에 1년간 다닌 데다 현지에서 독일인들과 직접 대화를 하니 실력이 금방 늘었다. 일을 빨리 시작하고 빨리 끝낸 뒤 저녁 시간을 활용하는 독일의 생활 방식은 매우 효율적이었다.

부러운 선진시스템

뒤셀도르프 병원에서 접하는 것은 무엇이든 새롭고 놀라웠다. 특히 흉부외과 쪽은 한국과 비교했을 때 그야말로 하늘과 땅 차이였다. 당시 우리나라는 심장 수술 중에서 가장 쉬운 동맥관 개존증 수술을 주로 했다. 우리는 심장이 뛰고 있는 상태에서 수술을 하는 수준이었는데 독일은 뛰는 심장을 멈추게 한 뒤에 수술을 했다. 독일은 수술 실력도 뛰어났지만 장비도 우수했다. 부지런히 배우는 수밖에 없었다.

뒤셀도르프 병원에서 일할 때 독일의사와 똑같은 대우를 받았다. 야간 근무를 하거나 시간외 근무를 하면 초과 수당이 나왔다. 제대로 대우받으며 심장수술을 배울 수 있으니 얼마나 큰 행운인가. 2년 동안 약 1,000건의 수술에 참여했다. 수술할 때는 담당교수가 집도를 하고 1조수, 2조수, 3조수 등 의사들이 옆에서 수술 지원을 했다. 나는 수술에 따라 1조수나 2조수 3조수 등을 하면서 심장수술을 도왔다. 1,000건의 수술 외에 내가 맡았던 것은 심장박동기를 넣는 일이었다. 국소마취를 하고 심장박동기의 배터리를 바꿔서 집어넣는 일은 언제나 내 담당이었다.

넉넉한 보수를 받으며 첨단기술을 습득하는 나의 하루하루는 너무나 소중하고 즐거웠다. 더욱이 개심수술이 성공했을 때의 기쁨은 말로 형용할 수 없었다.

어느 날 연구실에 비치된 빼곡한 자료와 샘플을 보고 충격을 받았다. 사망한 환자로부터 기증받은 심장을 포르말린 병에 담아 보관하고 있었던 것이다. 각 심장의 해부병리를 자세하게 그린 그림과 그 환자가 사망에 이르게 된 경위를 상세하게 기록해 놓은 자료도 있었다. 틈만 나면 그곳에 들어가 보물과 같은 자료들을 보면서 외우고 익혔다.

우리나라에서는 심장수술 후 환자가 사망을 해도 원인을 알 수 없었다. 심장을 직접 보고 원인을 찾아야 하는데 시신 기증을 꺼리는 우리나라 풍토에서는 사망 환자의 심장을 확보하기 힘들었다.

독일은 사람이 죽으면 반드시 부검을 하도록 법으로 정해 놓았다. 무엇 때문에 죽었는지 확인한 다음 매장허가서를 내줬다. 죽은 원인을 정확하게 찾았기 때문에 의학이 발달한 것이다. 그 과정에서 심장을 기증받아 비치 해놓기 까지 했으니 부러운 일이 아닐 수 없었다.

뒤셀도르프 병원 연구실에서 선천성 심장환자의 부검례를 공부할 때 아버지가 '아는 것이 힘'이라고 하신 말씀이 생각났다. 아버지가 늦은 나이에 박사학위를 목표로 베란다에 수십 마리의 토끼를 사육하며 일일이 해부하고 연구한 이유를 알 수 있었다. 이론이 아닌 실제가 겸비되어야 학문의 힘이 생긴다는 걸 독일에서 새삼 실감했다.

독일 매뉴얼을 한국에 접목하다

정신없이 선진의학을 습득하다 보니 어느새 계약기한 1년이 다 되었다. 시간이 너무 빨리 지나간 것 같았다. 이제 막 선진의료기술을 좀 파악했는데 돌아가야 한다니 아쉽기만 했다. 좀더 배우고 싶은 강렬한 욕구를 주체할 수 없었다. 김근호 교수님에게 부탁해서 다행히 체류기간을 1년 더 연장했다.

2년 근무 중 마지막 6개월은 대부분의 의사들이 싫어하는 중환자실 야간근무를 자청했다. 뒤셀도르프 대학병원 시설가운데 가장 부러운 곳은 중환자실이었다. 심장수술 할 때 가장 중요한 곳이 다름 아닌 중환자실이다. 현재 우리나라 병원의 베드 분포도를 살펴보면 중환자실 베드수가 전체 베드의 2~3%에 불과하다. 그나마 세종병원이 10% 정도로 높은 편이다. 뒤셀도르프 병원은 중환자실 베드가 전체 베드의 10%가 좀 넘는 수준이었다. 특별히 심장수술 환자만을 위한 중환자실이 따로 마련되어 있었다.

중환자실에서 근무할 때 다른 어떤 곳보다 정교하게 일이 진행된다는 느낌을 받았다. 조용하기 그지없는데 마치 누가 위에서 지시하는 것처럼 착착 돌아갔다. 급박한 상황인데도 아무도 당황하지 않고 자기 할 일을 척척 해냈다. 간호사들이 의사의 지시 없이 자발적으로 움직이는 이유를 3개월이 지난 후에 알아차렸다.

비결은 매뉴얼북이었다. 야간에 발생하는 환자의 증상과 치료법, 투약, 실무 간호사의 약물 희석 방법 등을 일일이 기록한 지침서가 30권이 넘었다. 중환자실에 근무하는 의사와 간호사라면 이 지침서를 필히 숙지해야 했다. 과연 의료선진국다웠다. 이 지침서를 보는 순간 눈이 번쩍 뜨였다.

그 자료집이 너무도 탐나 전부 복사하기로 마음먹었다. 한국보다 의료 수준이 훨씬 앞선 나라이니 지침서를 보여준다고 해서 손해날 것도 없을 터였다. 복사를 해놓아도 언제 사용할 지 알 수 없었다. 그래서 내가 복사하는 것을 다들 이해하리라 생각했다. 내놓고 복사하다가 못하게 할까봐 남들 안볼 때 몰래 복사했다. 그러다가 간호사들에게 들킨 적도 있었다. 뭐 하는 거냐고 물어 "한국에 가서 시스템 도입할 때 참고하려고 한다"고 했더니 대수롭지 않게 여겼다. 후진국에서 가져가봐야 쓸 수 없을 거라고 생각하는 듯 했다. 수십 년간 축적된 노하우를 취득하는 행운을 잡아 마음이 뿌듯했다.

나중에 귀국하여 한양대학교에서 일부 매뉴얼을 참고했다. 세종병원은 처음부터 각 부서 매뉴얼을 마련했는데 독일 매뉴얼을 참고하여 우리 방식에 맞는 기준을 정했다. 매뉴얼이 없으면 실수가 계속 생긴다. 사람마다 말을 다르게 할 수 있기 때문이다. 매뉴얼이 있으면 반복하여 움직이면서 저절로 시스템을 익히게 된다. 무엇보다도 그 일에 참여한 사람 모두가 기준에 맞춰 움직이니 착오가 생기지 않는다.

뒤셀도르프 병원의 응급실 시스템도 부럽기 그지없었다. 응급실은 그야말로 응급환자만 수용했다. 우리처럼 입원실을 못 잡아서 응급실에 있거나, 별로 급하지 않은 환자를 응급실에서 받는 경우는 거의 없었다. 독일은 응급환자만 받으니 응급실 당직일 때 오히려 시간이 많았다. 응급실 당직 때는 다른 일거리를 준비해갈 정도였다.

수술실은 100% 환기를 시켜서 공기를 신선하게 유지했다. 오래 전부터 독일은 철저한 룰을 만들어 그대로 지켰다. 세종병원을 개원한 뒤 독일의 깐깐한 룰을 적용시키기 위해 많은 노력을 했다. 개원 멤버들이 큰 고생을 했지만 덕분에 우리 병원이 많이 발전 할 수 있었다.

가족을 독일로 초청하다

4남매를 맡기고 떠나올 때 미안해하는 나에게 아내는 "당신도 뒤를 돌아볼 때가 있어요? 일 년이라는 시간이 길다면 길지만, 금방 지나갈 테니 여기 걱정은 말고 떠나세요"라며 용기를 주었다. 1년간 혼자 생활하다 독일 연수를 1년 연장한 후 가족을 초청했다.

1976년 6월, 가족을 맞이하러 공항에 나갔다. 각기 작은 배낭을 멘 어린 4남매와 살이 많이 빠진 아내를 보니 코끝이 시큰했다. 여덟 살에서 두 살까지 네 아이와 각종 짐을 챙겨 멀리 오느라 고생을 얼마나 심하게 했을지 짐작이 갔다. 고맙고 반가워서 몇 번이고 울컥했던 것 같다. 공항에서 집까지 서툰 솜씨로 운전을 하느라 말 한마디 나누지 못했다. 집까지 어떻게 왔는지 기억나지 않을 정도였다.

우리는 주택 2층에 세를 얻어 살았다. 1층은 보험업에 종사하는 일본인 가족이 살고 있었다. 두 살배기 찬식이와 일본 아이와 독일 아이는 각기 다른 말을 하면서 잘 어울려 놀았다. 큰딸 선미는 2학년에, 큰아들 진식이와 둘째딸 선영이는 유치원에 입학시켰다. 9월이 되어 진식이는 학교에 입학했다. 아이들이 빠른 시간에 독일어를 익혀 우리를 놀라게 했다.

진식이는 독일학교에서 공부를 잘했다. 특히 수학을 잘해 선생님이 "진식이처럼 문제를 잘 풀어야 한다"고 칭찬했다. 당시 우리나라 초등학교는 60~70명이 한 반에서 공부했는데 독일은 20~25명이 토론식 수업을 했다.

가족들이 독일 생활에 어느 정도 적응했을 때 어머니께 초청장을 보냈다. 동생 태우의 아들 정식이 돌잔치에 참석하기 위해 미국에 들렀다가 독일로 오시기로 했다.

네덜란드 암스테르담 쉬폴드 공항으로 마중을 나갔다. 아내는 토속음식 도시락을 마련하고 깍두기와 물김치를 따로 담았다. 어머니는 공항에 내리자마자 맏손자인 진식을 안고 기뻐하셨다. 기쁨도 잠시, 자동차로 돌아오니 누군가 문을 뜯고 가방을 훔쳐간 것이다. 가방 안에 집 열쇠까지 넣어두었던 터라 낭패가 아닐 수 없었다. 어머니를 잘 대접하려고 아침부터 준비를 했던 아내의 실망이 컸다. 하는 수 없이 휴게소에서 햄버거를 대접해야 했다. 생각할수록 도둑이 원망스러웠다.

나중에 아내가 생활비를 아껴 조금씩 모은 돈까지 다 잃어버렸다고 해서 분통이 터졌다. 상당한 액수였다며 아내도 내내 아까워했다. 열쇠까지 잃어버려 밤에 문 따는 사람을 불러 겨우 집에 들어갈 수 있었다.

어머니가 독일에 계시는 동안 입에 맞는 음식을 대접하려고 애썼고, 뒤셀도르프의 명소로 모시고 다녔다. 독일에는 오래된 성이 많아 휴일이면 성들을 순례하기도 했다. 내가 일하는 독일로 가족들이 모두 와서 무척이나 기뻤다. 어머니는 한 달 정도 우리와 함께 지내다 귀국하셨다.

병원에서는 배움의 즐거움, 주말이면 가족과 함께 여행하는 즐거움으로 독일 생활은 매우 만족스러웠다. 1977년 부활절을 맞아 멀리 영국으로 여행을 가기로 했다. 무슨 일이든 철저하게 계획하고 진행하는 나는 프랑스의 깔레라는 항구에서 페리를 타고 도버해협을 건너는 것으로 스케줄을 짰다.

언제 출발하여 언제 도착하고, 자동차는 시속 몇 킬로미터로 달릴 것인지 까지 다 계산해서 계획표를 짰다. 도버해협을 건너 영국에 도착했을 때

해가 져서 어둑어둑했다. 영국은 핸들이 우측에 있어 운전하기가 쉽지 않았다. 커브를 반대로 틀어 자칫 앞차와 부딪칠 뻔했다. 나의 위험한 운전 솜씨를 보고 놀란 영국 경찰이 달려왔다. 독일에서 왔다고 하자 그 경찰이 유스호스텔까지 친절하게 에스코트 해주었다.

도착하자마자 해프닝이 있었지만 다음날부터 철저한 계획 하에 버킹검 궁을 비롯하여 명소 여행을 차질 없이 진행했다. 지금처럼 컴퓨터나 스마트폰이 없을 때라 책을 보고 정보를 찾아 전화와 편지로 몇 번씩 확인을 하며 예약을 해야 했다. 부활절이어서 힘들었지만 기어코 예약을 끝냈고, 계획표대로 즐거운 여행을 할 수 있었다.

하지만 아내는 즐겁지만은 않았다고 했다. 내가 여행 계획을 짜고 예약하느라 힘들었다면 아내는 여섯 식구의 김밥과 음료를 준비하고 변화무쌍한 날씨에 맞춰 옷가지를 챙기느라 파김치가 되기 일쑤였다. 우리가 고생한 덕에 아이들에게 좋은 추억을 남길 수 있었으니 다행이다. 가족들과 함께 지내며 공부한 그 시간이 소중한 추억으로 남아있다.

따뜻한 이국의 친구들

독일에서 2년간 지낼 때 있었던 몇 가지 일이 떠오른다. 파독 간호사로서 초기에 자리를 잡은 안과 간호사가 있었다. 병원 후문 옆에 살았는데 가끔 한국인들을 초대하여 한국 음식을 대접했다. 그녀의 남편이 내가 근무하는 흉부외과에서 폐수술을 받았다. 나는 최선을 다해 도와주었고, 다행히 그녀의 남편은 빨리 쾌차했다. 각별한 인연으로 가족끼리 자주 왕래했는데 지금도 그들 가족이 한국에 오면 만남의 자리를 갖는다.

외과에 근무하는 간호사의 결혼식에서 내가 아버지가 되어준 일도 있었다. 결혼식에 한국에 계신 아버지를 초청할 비용이 없어 고민하는 걸 알고 내가 결혼식에 신부의 손을 잡고 입장한 것이다. 또 다른 간호사가 결혼할 때는 내가 주례를 서기도 했다.

당시 간호사들은 한 푼이라도 더 벌어서 한국에 송금하기 위해 임금이 높은 궂은 일과 험한 일을 자원했다. 급여의 두 배를 받을 수 있는 새벽시간이나 밤 시간에 근무했고 영안실과 장례식장 일 등 힘겹고 어려운 일들을 자청했다. 힘든 일을 묵묵히 해내는 모습을 보며 경외심과 함께 경각심을 가졌다.

공항까지 전송 나온 이웃집 헤슬러 씨, 박경호 씨와 함께. 1977년 9월.

1977년 8월 임기를 마치고 귀국할 때 나의 배낭은 그동안 보고 듣고 경험하며 공부한 각종 자료로 두둑했다. 병원에서 같이 일하던 동료의사와 간호사들이 송별연을 베풀어주었다. 한국인 간호사 가족들과 별도로 자리를 마련하여 석별의 정을 나누었다.

돌아보니 많은 분이 보였다. 뒤셀도르프병원 신경외과 전문의 임언 교수님은 늘 나의 안부를 묻고 격려해주었다. 독문학자 서울대학교 송동준 교수님, 만날 때마다 환한 웃음으로 나를 반겨주시던 어버이 같은 이웃집 헤슬러 부부, 정원에 등불 밝히고 독일식 예를 갖추어 저녁식사에 초대해준 비륵스 교수님, 첫날부터 가족처럼 돌봐준 혈관외과의 대가 닥터 로제

26년 전 독일에서 함께 근무했던 Dr. Loose부부, 아르젠틴의 Dr. Mahamud 그리고 우리부부(2001년 세계심장학회, 부에노스아이레스에서).

에게도 특별히 고마움을 전한다.

귀국하던 날 독일에서 배운 걸 한국에 가서 어떻게 적용할 것인가를 생각하느라 머리가 복잡했다. 이웃집 헤슬러 부부는 공항까지 배웅을 나와 우리 아이들과 악수하고 작별 인사를 해 주었다.

세종병원 개원 10년이 지났을 무렵 독일 학회에 참석할 기회가 있었다. 뒤셀도르프병원 연수 시절에 신세 진 분들에게 인사를 드리고 싶어 예전에 살았던 동네를 방문했다. 우리 가족이 독일을 떠나던 날 공항까지 나와 환송해준 헤슬러 씨가 세상을 떠났다는 소식에 마음이 아팠다. 헤슬러 부인과 경찰이 된 아들을 만나 고인을 회고하는 것으로 아쉬움을 달랬다.

독일 유학시절 스승 비륵스 교수와 인제대학교 백낙조 이사장과 함께 워커힐에서. 1984년 4월.

뒤셀도르프 대학병원의 흉부외과 주임교수 비륵스와 만났을 때 감개가 무량했다. 뒤셀도르프 대학병원에서 2년간 연수를 받은 내가 세종병원을 개원했다는 소식에 비륵스 교수가 크게 축하해 주었고, 이 후 1984년 서울에서 다시 만나 옛 시절을 추억 하는 기회를 가질 수 있었다.

세계적인 혈관외과의 대가인 닥터 로제도 만났다. 독일 연수시절 나를 친형제처럼 대해주었다. 나중에 로제 부부가 한국을 방문했을 때 그들을 집으로 초대하여 우리의 고유 음식인 불고기와 김치를 대접했다. 그리고 그들 부부에게 장남 결혼식 때 입었던 원삼 족두리와 사모관대를 입혀 우리 부부와 함께 기념사진을 찍었다. 로제 부부는 신랑신부처럼 함박웃음을 웃으며 좋아했다. 독일에서 사랑을 많이 받아 그곳 사람들을 생각하면 늘 마음이 푸근해진다.

섬마을 형도를 살리자

독일에서 2년간 공부하고 돌아와 한양대학병원에 출근했을 때 감개가 무량했다. 빨리 독일에서 배운 의술을 펼치고 싶은 마음이었다. 하지만 여전히 여건이 좋은 편은 아니었다. 비교적 간단한 동맥관 개존증 수술은 잘하고 있었으나 심장을 멎게 해놓고 수술하는 개심수술은 일 년에 5~10건에 불과했다. 내가 독일에서 심장수술에 관해 많은 것을 배웠다고 해서 바로 활용할 형편이 아니었다. 수술환자가 갑자기 많아진 것도 아니고, 환자가 온다고 해도 엄두를 낼 수 없었다. 장비도 부족하고 협진할 의사도 많지 않았기 때문이다.

무엇보다도 수술비가 문제였다. 1977년에 의료보험이 도입됐으나 심장

수술은 적용되지 않았다. 가난한 환자들이 앓다가 그냥 세상을 떠나는 안타까운 일이 계속됐다. 정말 참담한 현실이었다.

1981년 남해 섬마을 교장선생님의 편지가 한국일보에 보도되었다. 심장병으로 체육시간마다 다른 아이들을 부럽게 쳐다보기만 하는 아이를 고쳐달라는 내용이었다. 내가 한국일보 임철순 기자에게 전화하여 한양대학병원에서 고쳐주겠다고 말했다.

5월 23일 한국일보 사회면 톱으로 '섬마을의 꿈 꺼져간다' 라는 기사가 실렸다. 반응은 폭발적이었다. '섬마을 개구리를 살리자'는 캠페인을 벌이자 하루만에 1,000만 원의 성금이 들어왔고, 다음날도 성금은 계속 이어졌다. 당시로서는 대단한 액수였다.

바로 다음 날 입원한 양형도라는 어린이를 검사한 결과 좌심실과 우심실 사이에 구멍이 뚫린 심신중격결손증에 동맥관 개존증을 앓고 있었다. 형도는 6월 4일 수술을 받고 7월 4일 퇴원했다. 오른쪽 윗 눈꺼풀이 쳐져 안검하수 교정수술까지 덤으로 받은 형도가 새 심장과 새 얼굴로 귀향한 날, 섬마을에서는 큰 잔치가 벌어졌다.

우리는 형도의 부모에게 조심스럽게 "남은 성금으로 다른 어린이도 치료해주면 좋겠다"는 말을 전했다. 형도의 부모는 고맙게도 쾌히 승낙했다. 우리는 그 돈으로 죽어가던 심장병 환자 2명을 더 수술해주었다. 두 아이가 새 생명을 얻자 많은 사람들이 사랑의 성금을 보내주었고 그 덕분에 10여명을 더 수술했다.

기사를 쓴 한국일보 임철순 기자는 '심장병 어린이를 구하자'는 캠페인을 대대적으로 펼쳐 보도대상을 받았다. 6개월 동안 발로 뛰며 기사를 작성한 덕분이다. 그 일을 계기로 한양대학교병원 소아심장팀이 강화되었다.

흉부외과 의사가 되고부터 심장수술만 전문으로 하는 병원을 세우고 싶다는 생각을 했지만 아득한 꿈이었다. 그런데 낙도 어린이 돕기로 큰 보람을 느끼자 그 꿈이 되살아났다. 독일에서 의술을 익히고 시스템을 알고 나니 심장병원을 만들고 싶다는 열망에 가슴이 뜨거워졌다.

미국 병원을 벤치마킹하다

독일 연수 중이던 1976년에 안 쓰고 모아놓은 30일의 휴가를 이용하여 미국에 갔다. 평소에 관심을 갖고 있던 메이요클리닉Mayo Clinic의 연수 프로그램에 참여하기 위해서였다. 인구 20만의 작은 도시 미네소타주 로체스터에 위치해 있는 메이요클리닉은 세계 곳곳에서 몰려온 환자들로 늘 북적인다. 병원 명성이 멀리까지 퍼진 덕분이다.

메이요클리닉은 Mayo Gibbon Type의 심폐기를 개발한 곳으로도 유명하다. 병원의 자체 박물관에 심폐기 개발과정 가운데 산화기 제조과정을 자세하게 묘사해놓은 것이 있었는데 매우 인상적이었다.

1972년부터 이미 병원의 모든 기록을 전산화하여 세계를 놀라게 했다. 인근에 있는 IBM 본사의 도움으로 의료 전산화를 가장 먼저 도입한 병원이다. 환자의 정보가 모두 전산화되어있어 차트를 들고 다닐 필요가 없었다. 컴퓨터로 환자의 상태를 확인하는 모습에 부러움이 느껴졌다.

독일에서 한양대학교로 돌아와 근무하던 중인 1980년에 텍사스 심장센터Texas Heart Institute를 방문할 기회가 있었다. 텍사스 심장센터의 쿨리Cooley박사는 관상동맥 우회로술의 세계적인 권위자였다. 당시 쿨리 박사의 수술을 참관하면서 놀라움을 금치 못했다. 마치 병원 시스템이 컨베이어 벨트처럼 움직이고 있었기 때문이다. 각 수술실에 환자가 20~30분 시차를 두고 수술 준비를 하고 있으면 쿨리박사는 가장 중요한 수술만 하고 다음 수술실로 가서 대기하고 있는 환자를 수술했다. 봉합이나 처치 같은 단순한 업무는 다른 의사가 했다. 그런 시스템 덕분에 쿨리박사는 오전에 6건, 오후에 6건의 수술을 할 수 있었다.

쿨리박사와 특별 면담할 시간은 없었다. 하지만 틈을 보고 있다가 수술 후 손을 씻는 쿨리박사에게 질문을 했다.

쿨리박사와 28년만의 재회(세종병원 해외벤치 마킹팀과 함께). 2008년.

"이렇게 분업화해서 수술하는 게 더 효율적인가, 아니면 고전적인 시스템대로 한 사람이 처음부터 끝까지 수술을 담당하는 게 맞나."

나의 질문에 쿨리 박사는 쿨 하게 대답했다.

"나한테 수술 받고 싶어 하는 사람이 너무 많다. 외국에서도 환자들이 많이 온다. 그래서 컨베이어 벨트식 시스템을 만들었다."

독일은 한 사람이 전체 수술을 다 주관했다. 그러니 독일 의사는 하루에 4건 이상의 수술은 할 수가 없다. 그런데 쿨리 박사는 하루 12건의 수술을 했다. 독일은 대학병원에서 월급 받는 의사이고 쿨리박사는 개인병원을 운영하는 의사였다. 당시는 미국과 독일의 심장수술 수준이 비슷했으나 점차 미국이 앞서가기 시작했다. 수술을 많이 하는 쪽이 발달하기 마련이다.

비록 짧은 기간이었지만 메이요클리닉과 텍사스 심장센터에서 깊은 영감을 얻었다. 그 때의 감동이 심장 전문병원으로 세우는 씨앗이 되었다. 내가 경험한 선진 병원들의 시스템이 세종병원을 개원할 때 참고가 되었는데, 특히 메이요클리닉의 시스템을 많이 받아들였다. 세종병원을 세울 때 독일병원보다는 미국병원을 더 많이 벤치마킹한 셈이다.

독일과 미국의 의료시설을 경험할 때 잠을 줄여가며 모든 것을 소화하려고 애썼다. 스펀지가 물을 빨아들이듯 선진 기술들을 습득해나간 귀중한 기간이었다.

2008년 다시 그 병원에 들렀을 때 쿨리박사가 건강한 모습으로 나를 반겨주었다. 놀랍게도 연수당시에 나에게 쿨리박사의 자서전을 건네주던 비서가 그때까지 일하고 있었다. 백발이 성성한 모습으로 일하는 비서를 보고 감명을 받았다. 쿨리박사와 비서는 직접 병원 이곳저곳을 세세히 설명해주었다.

이제 세종병원을 벤치마킹하는 곳이 늘어나고 있다. 여러 민병원들에서 심장센터 개소를 위해 도움을 청하고 있다. 이미 몇개 병원은 성공적으로 심장센터를 개소하여 운영하고 있으며, 지방의 몇몇 병원은 지금도 진행중이다.

우리 병원은 심장전문병원을 개원하려는 병원들의 모범사례가 되고 있다. 비결은 꿈을 품고 노력한 덕분이다.

헤슬러 부부 집을 방문했을 때. 1990년 9월.

6부

세종병원을 개원하다

세종병원을 개원하다

심장병 없는 세상을 꿈꾸다

한양대병원에서 열심히 일하고 있던 1980년 초, 의료기 판매업을 하는 친척이 뜻밖의 말을 했다.

"병원 한 번 해볼 용의 없습니까? 모든 병원이 환자로 만원이라 병원 설립자에게 부지와 자격만 있으면 정부에서 장비 구매비와 건축비를 장기 저리로 빌려 준답니다. OECF(해외경제협력기금) 자금을 확보했답니다."

그 말을 듣는 순간 심장이 뛰면서 한 남자가 떠올랐다. 1975년 봄, 한양대학교에서 교수로 재직할 때였다. 40세 전후로 보이는 남자가 딸의 손을 잡고 진료실로 들어왔다. 수심이 가득한 얼굴로 "개인 병원에서 아이가 심장병 진단을 받았다"고 말했다.

정밀검사를 해보니 '심실중격결손증'이었다. 좌심실과 우심실 사이의 중간 벽에 구멍이 있는 질환으로 수술만 하면 완치되지만 수술 시기를 놓치면 고칠 수 없는 병이었다. 아이의 아버지에게 설명을 하자 수술비가 얼마인지 물었다. 의료보험이 도입되기 전이어서 1,000만 원에 이르는 돈을 환자가 다 부담해야 할 때였다. 요즘 화폐가치로 환산하면 1억 원도 더 되는 액수이니 개인이 감당하기 힘든 무게였다. 아이의 아빠는 한숨만 내쉴 뿐 말을 잇지 못했다. 미안함이 가득한 표정으로 딸을 바라보는 남자의 얼굴이 어두워졌다. 결국 딸을 수술해주지 못하고 그냥 돌아서는 그의 어깨가 축 처졌다. 딸의 손을 잡고 터덜터덜 걸어가는 그의 뒷모습이 오래도록 마음에 남았다.

친척의 말을 들을 때 '내 병원이 있고 내가 여력이 있어 도와줄 수 있으면 얼마나 좋을까' 라고 생각했던 순간들이 떠올랐다. 마음에 품고만 있었을 뿐 실천에 옮기지 못한 일을 이제 시작하고 싶었다. 일찍 수술 받으면 충분히 완쾌될 수 있는 아이들을 돕고 싶은 마음이 불일 듯 일어났다.

'심장병 없는 세상을 만들고 싶다'는 것이 나의 꿈이었다. 독일유학을 다녀와 의술에도 자신이 있고, 기회도 왔으니 이제 꿈을 실천하자는 각오가 생겼다. 가장 먼저 아내의 동의가 필요했다. 하지만 선뜻 입을 열기 힘들었다. 이틀 밤을 꼬박 새우며 다시 한 번 내 마음을 점검해봤다. 시간이 갈수록 그 불이 꺼지기는커녕 점점 더 번져나갔다.

마음을 굳히고 말을 꺼내자 예상대로 아내는 일언지하에 반대했다. 아내는 "아버님이 개업하지 말고 연구하는 학자로 남으라고 하셨잖아요"라며 고개를 흔들었다. 장손에게 시집와 집안 대소사로 늘 분주했던 아내는 그즈음에야 조금 안정된 생활을 하고 있었다. 그러니 반대하는 게 마땅했다. 어머니께서도 개업에 찬성하지 않으셨다.

그럼에도 내 마음의 불은 더욱 타올랐다. 병원을 경영하면서 어려움을 많이 겪은 아버지는 나에게 개업을 하지 말라고 당부하셨다. 산부인과 특성상 24시간 늘 대기상태여서 아버지는 특별히 더 힘들게 병원을 운영하셨다. 하지만 다시 오지 않을 기회를 놓치고 싶지 않았다. 내가 계속 고민하는 모습을 본 아내가 어느 날 "당신 뜻대로 하세요"라고 말했다.

나중에 들은 얘기지만 답답한 마음에 철학관을 찾았던 아내는 "남편은 국가가 보장하는 사람이다. 또 직장을 떠나야 할 사람이고, 피를 많이 볼수록 좋다"는 말을 들었다고 한다. 아내는 피를 많이 본다는 건 수술을 많이 한다는 뜻이라고 생각했단다. 그런 말을 완전히 믿지는 않지만 직장을 그만둘 수이며 그 자리에 있을 사람이 아니라고 하는 데다 내가 계속 속을 끓이니 더는 막을 수 없겠다는 생각에서 그냥 밀어주기로 마음먹은 것이다.

본격적으로 병원 개업을 위해 나섰다. 8월경에 경기도청 보건의료과에 의사면서 공무원인 N박사를 찾아갔다. 정부에서 지원하는 목적과 규모, 경쟁지역 등에 관한 정보를 얻고 싶어서였다. 우리나라에서 손꼽히는 심장병원을 세우고 싶다는 포부를 밝히자 그가 자세한 내용을 알려주었다.

"그 자금은 이미 큰 병원이 많은 서울 등 대도시에는 해당되지 않습니다. 병원이 없거나 부족한 의료취약지구에 병원을 세울 때 도와주는 자금입니다."

서울에서 가장 가까운 성남시는 어떤지 물어보자 그곳은 이미 병원 설립자가 정해졌다면서 다른 정보를 알려줬다.

"서울과 가까운 곳 중에 경기도 부천이 아직 결정되지 않았다고 하더군요. 그런데 부천지역을 놓고 두 종교재단이 씨름하는 중이라 경쟁이 뜨거울 것 같습니다."

N박사에게 감사 인사를 하고 돌아와서 바로 부천에 대해 알아보았다. 당시 인구 25만 명 인 부천에는 30병상 규모의 병원 밖에 없었다. 가까운 거리의 서울과 인천에 대학병원과 대형병원이 많아 부천에 큰 규모의 병원이 들어서지 않은 것 같았다. 그러다보니 부천은 전국에서 가장 취약한 의료지구였다.

좀 더 알아보니 N박사 말대로 거대한 두 종교 재단과 경쟁 한다면 개인은 도저히 승산이 없을 것 같았다. 하지만 신문에 난 공고를 보고 용기를 냈다.

첫째, 부천 지역에서 개업하고 있는 의사.

둘째, 부천에 병원을 지을 땅이 있는 사람.

셋째, 병원 건축 자금의 20%를 갖고 있는 사람.

첫번째 요건에서는 내가 유리할 수도 있겠다는 생각이었다. 나는 용기를 내서 도전하기로 했다. 부천 역전에 있는 작은 의원을 매입하여 첫번째 요건을 충족시켰다. 그렇다고 무작정 부천 개업의가 유리한 것도 아니었다. 자본금의 20%라는 재력에다 병원 부지를 갖추고 있어야 했다. 부천에 땅 한 평 없는 나는 도저히 넘볼 수 없는 조건이었다.

무작정 개업은 했지만 자본금과 병원 부지는 무슨 수로 마련한단 말인가. 활활 불타던 의지로도 버티기 힘든 상황이었다. 그때 장인어른이 나를 위해 나섰다. 내가 부천에 병원을 짓고 싶어 한다는 소식을 들은 장인어른이 10남매를 한자리에 불러 모으셨다.

"훌륭한 의술을 가진 란희 신랑 박 서방이 병원을 설립하고 싶다는데 우리가 힘을 모아 주자."

그 자리에서 20%의 자본금이 마련되고 둘째 동서가 부천에 있는 자신의 땅을 병원 부지로 내놓겠다고 했다. 장인어른과 처가 식구들의 은혜와 아내의 도움을 잊을 수가 없다. 1980년 9월, 필요한 요건을 다 갖추고 부천에서 의지를 다졌다. 하지만 상대가 워낙 강해 걱정이 되었다. 그야말로 다윗과 골리앗의 싸움이었다.

누구의 지원도 없이 심사를 통과 하려면 어떤 준비를 해야 하는지 알아보기 위해 경기도청 보건의료과에 수시로 드나들었다. 내가 너무 자주가다 보니 공무원들과도 친하게 되었다. 덩치 큰 경쟁자와 싸우는 내가 안쓰러워 보였는지 다들 따뜻하게 대해 주었다. 서울에 사는 과장이 출근할 때 일부러 내 차로 모시고 가면서 넌지시 물어보기도 했다. 그러면 어떤 점에 더 신경을 쓰라고 얘기해주었다. 정보를 알아내기 위해 발 빠르게 움직이며 내가 할 수 있는 최선을 다했다. 일반 행정을 잘 몰랐던 내가 서류 준비와 여러 곳을 찾아다니는 게 쉽지 않았다. 하루에도 몇 차례씩 똑같은 곳을 드나들 때도 있었다.

경쟁자들의 준비상황에 대해 들을 때면 더욱 긴장되었다. 그런 신경전 때문에 잠을 못자 불면에 시달리기도 했다. 겨우 잠들었다가 아침에 일어나면 절박한 심정으로 다시 전선으로 나섰다. 최종 접수가 끝났을 때는 온몸이 녹초가 되어 있었다.

나의 정성이 통했는지 1981년 병원 설립 허가가 났다. 두 경쟁자보다 내가 조금 더 절박한 심정이었기에 최종 승리를 안았을 것이다.

누구나 쉽게 수술 받는 병원

한양대학교에 사표를 낼 때 차마 입이 떨어지지 않았다. 독일 뒤셀도르프에서 2년간 선진 의학을 배우고 와서 3년 만에 그만두게 되었으니 나를 유학 보내준 김근호 교수님에게 특히 죄송했다. 대학 교정을 몇 바퀴나 돌면서 망설였다.

독일에서 돌아와 내가 배운 기술을 한양대학교에 남김없이 전수했다는 점에 그나마 위안을 얻었다. 기초적이긴 하지만 아주 중요한 내용이었다. 예를 들어 그 전에는 환자를 돌아보고 그냥 그 자리에서 체크하는 것으로 끝났는데 뒤셀도르프 병원처럼 중환자실 차트를 도표로 만들어서 환자 상태와 처치내용을 모두 적게 했다. 온도, 혈압, 수분섭취량, 소변, 대변 등 환자의 상태를 시간대별로 다 기록하고 어떤 처치를 했는지도 체크해 통계가 바로 나오게 만들었다. 그것만 보면 환자의 상황을 한눈에 알 수 있었다.

그때까지만 해도 도파민 원액을 증류수와 희석하는 비율이 표준화 되어 있지 않아 의사가 임의로 적당량을 섞어 사용했다. 그런데 독일 병원은 수치를 도표로 만들어 정확하게 희석했다. 링거 세트에 들어있는 주사기마다 1분에 몇 CC가 들어가는지, 부피와 무게를 동시에 표시하게 되어 있었던 것이다. 그 양에 따라 조절을 하면 매번 정확한 양을 주입할 수 있었다. 독일에서 돌아올 때 표준화된 기구 세트와 자동주사 주입기를 사갖고 왔다. 그것을 이용하여 일정하게 약물을 투입할 수 있도록 했다.

내가 3년 동안 심장병 수술법은 물론 작은 부분까지 전수하면서 최선을 다한 걸 알기 때문이었는지 김근호 교수님이 내가 그만둔다고 할 때 크게 반대하지 않았다. 내가 병원을 떠나던 날 김 교수님이 "오른팔을 잃는 것 같지만 자네가 다른 병원으로 가는 게 아니라 개업한다니 성공하기를 비네"라며 응원해 주셨다.

병원설립 허가를 받은 날부터 아내와 나는 병원 이름을 짓기 위해 머리를 맞대고 고심했다. 세종병원世宗病院, 우리 부부가 며칠 동안 기도하며 만든 이름이다. 백성들이 글을 읽고 쓰기 쉽도록 한글을 창제하신 세종대왕의 정신을 이어받아 누구나 쉽게 심장수술 받는 병원을 만들자는 결심과 다짐을 담았다. 의료재단 명칭은 아버지의 호號인 혜원蕙園을 사용하기로 했다. '혜원의료재단 세종병원'이라는 이름이 완성되었을 때 뿌듯함과 송구함이 동시에 밀려왔다.

아버지는 내가 의대에 합격했을 때 "장차 의사가 되더라도 병원을 설립할 생각은 하지 말고, 연구하는 학자로 남기 바란다"고 하셨다. 아버지의 말씀을 어긴 데다 애써 마련해 주신 논현동 땅까지 팔아 병원설립자금에 사용했으니 죄송할 따름이었다. 불효자가 되고 말았지만 아버지의 호를 딴 병원을 설립해 심장병 환자를 살리는 자랑스러운 아들이 되리라 결심했다.

병원이름을 짓고 나서 나의 학문의 아버지 이영균 교수님을 찾아뵙고, 그간의 사정을 소상히 말씀드렸다. 교수님께서는 뜻밖의 좋은 소식을 들려주셨다.

"지금 서울대학교병원 부설로 병원 연구소가 생겼고 내가 그곳의 소장이니 병원 건립에 관한 모든 것은 우리 연구소와 의논하는 게 좋을 걸세."

더없이 감사한 말씀이었다.

작지만 강한 명문 병원의 포부

서울대학교병원 부설 병원연구소로 찾아갔다. 심장전문병원을 설립하고 싶다는 나의 말에 연구소의 연구담당 직원은 고개를 절레절레 흔들었다.

"고작 200만 달러를 지원받아 심장병전문병원을 설립한다니요! 기자재비만 해도 200만 달러가 넘어요."

느닷없는 반응에 말문이 막혀 대답을 못하는 내게 그는 좋은 방법을 알려주겠다고 했다.

"기왕 부천에 병원을 설립하신다니 심장전문병원 말고 백화점식 병원을 하세요. 교통사고 환자가 점점 많아질 겁니다. 백화점식 병원을 하면서 심장병 치료도 하면 되잖아요. 심장전문병원은 해 봐야 수지타산이 안 맞을 거요."

다시 생각하라는 그의 말에 나는 고개를 좌우로 흔들었다. 백화점식 병원은 꿈에도 생각해본 적 없고, 병원을 백화점식으로 확대할 정신적 여력도 없었다. 나는 단호하게 내 포부를 밝혔다.

"심장병은 세계 사망 원인 1, 2위를 기록하는 병입니다. 현재 심장수술을 받지 못하고 있는 아이들이 우리나라에 2만 명이 넘습니다. 수술비가 비싼 건 압니다. 하지만 이제 의료보험으로 개인부담을 어느 정도 줄일 수 있습니다. 독일에서 배워온 의술로 수술은 자신 있습니다. 현재 우리나라에서 심장수술을 제대로 하는 병원은 대학병원 두세 곳뿐인데 개인 병원 하나쯤 생기면 좋지 않을까요? 한 분야를 특별히 발전시켜 병원의 위상을 높이고, 한정된 재원을 특정 분야에 집중해 투자 효율을 높이는 게 좋다고 생각합니다."

당시 의술이 발달하지 않은 데다 수술비가 비싸 선천성 심장병 환자가 수술 받지 못한 상태로 적체되어 있었다. 선천성 심장병 환자들에게는 몇 가지 특징이 있다.

첫째, 선천성 심장병은 누구의 잘못이 아닌, 우연에 의해 심장에 기형을 안고 태어난다.

둘째, 이 아이들 가운데 80% 정도는 6세 전후에 수술 받으면 한 번의 수술로 평생 정상 인으로 살 수 있다.

셋째, 이런 아이들이 적기를 놓치면 현대의학으로도 도저히 살릴 수 없는 불치병 아이젠멩 거씨병Eisenmenger Syndrome(폐동맥 고혈압증)으로 20세 전후에 사망하게 된다.

예방할 수 있는데도 불구하고 돈과 시설이 없다는 이유로, 또는 의술이 부족하다는 이유로 수술 받지 못하고 고통 받다가 20세 전후에 사망한다면, 그건 전적으로 어른들의 잘못이다. 그들을 꼭 고쳐주고 싶었다.

내가 완강하게 말하자 연구소 담당직원은 말려도 소용없다고 생각했는지 아무 대꾸도 하지 않았다. 남들이 다 하는 백화점식 병원을 할 바에는 힘들게 병원을 세울 이유가 없었다. 나의 의술로 심장병 환자들에게 새 삶을 주는 특별한 병원이야말로 도전할만한 가치가 있었다. 내가 하고 싶은 수술을 해야 신바람 나게 일할 수 있지 않겠는가. 나는 우려를 표명하는 담당직원 앞에서 더욱 각오를 다졌다.

"작지만 강한 병원을 만들어보겠습니다. 명문은 덩치로 말하는 게 아니지 않습니까? 자신 있습니다. 후회하지 않도록 최선을 다하겠습니다. 잘 좀 도와주십시오."

내가 더욱 강하게 의지를 표하자 그는 더 이상 말리지 않았다. 대신 병원 설비에 대한 교육을 받고 퍼트차트PERT Chart(계획표)를 짜자고 했다. 퍼트차트란 전체 프로젝트가 완성될 때까지 중요한 단계들을 점검하면서 추진하는 방법을 말한다.

1981년 7월부터 교육을 받았다. 부서별 일정표 및 의료기와 교육 간의 상호 연결 작용 등 많은 것을 배워 퍼트차트를 완성했다. 개원일을 정해놓고 역산하여 인사는 언제하고, 의료기기 장비는 언제 계약하고, 건축 진행은 언제까지 얼마나 할 것인지 전체적인 그림을 그렸다.

큰 그림이 완성된 다음 내 방식대로 세세한 부분을 채워 넣었다. 대학에 낙방하여 재수할 때 철저한 계획을 세워 시행했던 경험을 퍼트차트에도 적용했다. 내가 재수할 때 세운 계획표에는 목표를 달성한 후 2~3일의 여유를 두고 다음 단계로 나아갔다. 목표량을 달성하지 못했을 때를 대비하여 그렇게 한 것이다. 미처 목표를 달성하지 못했는데 다음 단계로 나아가야 하면 나중에 결국 포기하게 되기 때문이다. 그래서 퍼트차트를 짤 때도 단계마다 약간의 여유를 두었다. 또한 뭉뚱그려서 잡았던 것을 다시 세세하게 수정했다.

1981년 말 세종병원 지하실 공사가 끝나는 날 나는 밤새도록 감독하면서 스케줄을 다시 점검했다. 꼼꼼하고 철저하게 계획표에 따라 준비해 나갔다. 건물의 층별 완공시기를 몇 월 며칠까지로 계획하고 그에 따라 기자재 발주 날짜까지도 빈틈없이 맞춰나갔다.

예를 들면 '양면 동시 심장촬영장치' 장비는 1982년 8월 1일 가동되어야만 한다. 역으로 계산해보면, 장비설치기간 1개월, 장비가 세관에 도착하여 통관하는데 필요한 기간 1개월, 운송기간 3개월, 회사 제작 기간 1개월, 보사부 심의기간 1개월, 장비 비교 검토서 작성 1개월이 소요된다. 그래서 늦어도 개원 7~8개월 전인 1981년 12월에는 장비 리스트가 완성되어야 한다. 크기, 용량, 용도, 수요까지도 정확하게 산출해서 준비해야하는 것이다.

퍼드 차트에 따라 움직인다고 끝나는 게 아니었다. 그 안에 해결해야할 수많은 문제가 있었다. 장비 도입하는데 8개월이라면 나는 그 기간을 다시 세분화하여 순서를 정했다. 그렇게 하지 않고 대충 8개월 안에 다 하면 된다고 생각했다가는 나중에 절대 기일을 맞출 수 없다.

경기도 보건의료 담당자가 "발주를 할 때는 반드시 3개 회사로부터 비교 검토서를 받으라"고 일러 주었다. 핸드폰을 산다면 용량과 앱 수를 정해 어느 회사가 들어와도 맞출 수 있는 공통스펙을 작성해놓아야 한다. 각종 장비를 구입할 때마다 스펙을 제시하는 일이 쉽지 않았다. 의료 기기를 제외하고도 많은 장비가 필요한데 어떤 스펙을 제시해야할지 알 수 없는 경우도 있었다.

가만히 생각해보니 스펙에 대해 가장 잘 아는 건 납품회사였다. 그래서

A회사에게 '이런 장비를 구입하려고 하니 스펙을 작성해보라'고 당부했다. 장비 회사들은 이미 여러 차례 경쟁 입찰을 해봐서 그쯤은 쉬운 일이었다. A사가 작성한 걸 가져오면 B사와 C사 담당자에게 "이 스펙 가운데 당신네 회사와 안 맞는 걸 골라보라"고 제안했다. 3개 회사의 의견을 반영하여 최종 스펙을 만든 뒤 3개 회사를 불러 "공통스펙을 이렇게 짰는데 불만이 있냐"고 물어봤다. 불만이 없다는 게 확인되면 합리적인 입찰을 하여 가장 낮은 가격을 써내는 회사의 물건을 구입했다.

병원을 개원하는 일은 한마디로 전쟁이었다. 그때그때마다 좋은 아이디어와 최선의 선택을 위해 노력하며 시간표대로 일을 진행했다.

철저한 준비와 세 가지 결심

1981년 10월 20일에 착공하여 약 10개월만인 1982년 8월 병원 건물을 완공했다. 대지 1,500평 위에 지하1층, 지상3층, 연건평 약 1,700평, 지어 병상 100개로 개원한 것이다. 당시만 해도 100병상은 상당히 큰 규모였다. 심폐기, 심장전용초음파기, 양면 동시촬영용 심혈관조영장치를 비롯하여 중환자실용 인공호흡기 5대, 환자 감시장치 10대, 약물자동주입기 20대 등 당시 대학병원에서도 갖추기 힘든 최첨단 장비와 시설을 마련했다. 100병상 규모의 병원으로는 감히 엄두도 못낼 정도의 과감한 투자였다.

1982년 8월 개원을 앞두고 결혼 전야의 신랑 신부처럼 우리는 몸과 마음을 새롭게 단장했다. 개원하기 전에 완전한 준비를 하자는 것이 나의 결심이었다. 좀 빠진 게 있어도 개원해서 준비하면 된다는 생각은 아예 하지 않았다. 당시 OECF 차관으로 개원하는 병원이 50여 개였는데 장비, 인원,

사규社規까지 갖추어 개원한 병원은 오직 우리 병원뿐이었다. 완벽한 준비를 위해 최선을 다한 결과였다.

작은 부분까지 점검하면서 철저한 준비를 했다. 필요한 서류를 마련하기 위해 수없이 공무원들을 만났다. 공무원들은 그냥 움직이지 않는다는 말을 들었는데 실제로 만나보니 그렇지 않았다. 경기도청 공무원들은 경기도에 큰 병원이 들어서는 것에 대해 매우 호의적인 반응을 보이며 나에게 도움을 주려고 애썼다. '어떻게 하면 도움이 될까'를 먼저 생각하는 모습에 감동받은 적이 많다.

심장수술은 고도의 의술을 요한다. 심장 수술에서 가장 중요한 것은 심장이 멎어 있는 상태에서 심폐기(심장과 폐의 기능을 대신해주는 기계)를 돌리는 일이다. 개원에 앞서 가장 심혈을 기울인 것은 수술연습이었다. 약 1시간 동안 심장을 멎게 한 후 수술을 하고 봉합한 다음 심장을 다시 뛰게 만드는 수술 연습을 한 것이다.

심장수술은 협동진료가 생명이다. 흉부외과, 방사선과, 마취과, 심장내과, 소아심장과 5개 분야 의사와 심폐기를 조종하는 의료기사, 호흡이 척척 맞는 간호사들이 수술실에 모였다. 수술 준비 단계부터 수술 진행 도중, 그리고 수술이 종료된 후 중환자실에서의 환자 처치법까지 눈빛만으로도 소통이 되는 환상의 팀워크를 이루었다.

훈련은 실험용 개를 이용했다. 1주일에 한 마리씩 전 멤버가 수술에 참여했다. 수술실에서 사전 예행연습을 5번 한 후 생물인 개를 이용해서 10여 차례 연습을 거듭했다. 6개월 동안 땀과 눈물을 흘리며 강행군을 하는 동안 포기하는 사람이 하나도 없어 만족스러웠다.

개원에 앞서 또 하나 심혈을 기울인 것은 중환자실 시설이었다. 환자의 안전을 위해 중환자실을 최고로 준비했다. 중환자실 시설이 미비하면 수술을 잘 해도 환자가 위험에 빠진다. 심장수술 환자는 자칫하면 심장마비가 오기 때문에 각별한 주의를 해야 한다. 시설도 최고여야 하지만 간호사들도 최고의 실력을 갖추어야 한다. 우리는 모든 준비를 완벽하게 하기 위해 최선을 다했다.

1982년 8월 21일 병원 시설과 수술연습까지 완벽한 준비를 마치고 드디어 개원을 했다. 우리 가족들과 장인어른을 비롯한 처가 가족들, 이영균 교수님을 비롯한 병원 직원들과 주민들의 성원 속에서 개원 테이프를 끊었다. 모두 손을 모아 축하 케이크를 자르고 병원 시설을 돌아보았다. 나는 개원을 하면서 세 가지를 결심했다.

첫째, 기초의학에 근거를 두고 병원을 발전시키겠다.

둘째, 교육을 통해 경험과 기술을 나누는 병원을 만들겠다.

셋째, 완벽한 협진을 이루는 심장전문 병원으로 키우겠다.

기초의학의 확고한 기반 위에 서려면 새로운 임상기술의 도입과 개발을 통해 차별화된 전문성을 확보해야 한다. 교육하는 병원, 미래 인재를 육성하는 병원이 되려면 의사들을 해외에 유학 보내 좋은 교육을 받도록 지원해야 한다. 완벽한 협진을 위해 모두가 협력할 수 있는 여건과 분위기를 조성하고 좋은 장비를 도입하리라 결심했다.

내 병원을 차린 만큼 힘닿는 대로 선천성 심장병 어린이를 치료하고 싶었다. 내가 심장병원을 세운 이상 심장병으로 죽는 아이는 없도록 하겠다

세종병원 개원. 1982년.

는 각오를 다졌다. '심장병 없는 세상'의 꿈을 꼭 실현하고 싶었다.

8월 23일 월요일부터 환자 진료를 시작했다. 의사들과 직원들에게 두 가지를 당부했다. '원칙을 지킬 것과 환자의 안전을 먼저 생각하라'는 것이었다. 모든 초점을 환자 안전에 맞췄다. 그날 아침부터 수술복으로 갈아입고 수술팀과 함께 수술실로 들어갔다. 첫날 집도한 폐수술은 완벽하게 끝났다. 드디어 세종병원을 개원했다는 사실이 실감났다.

1982년 11월 15일, 세종병원은 서울대학교병원과 자매결연을 맺었다. 서울대학교병원 원장실에서 연구소장 겸 병원장이신 이영균 교수님이 자매결연서에 서명을 했다. 나는 이영균 교수님과 뜨거운 악수를 나누었다.

당시 서울대학교 병원과 자매결연을 맺는다는 것은 매우 어려운 일이었다. 세종병원은 이영균 교수님이 밀어주신 데다, 서울대 출신인 내가 기초의학 발전 기부금을 내고 봉사한 것을 높이 평가해준 덕분에 서울대 병원과 자매결연을 맺을 수 있었던 것으로 생각된다. 이로써 세종병원은 한층 더 인정받게 되었다.

민간병원 최초의 심장판막수술

개원 5개월 만인 1983년 1월 25일, 민간병원 최초로 심장판막수술을 한 날이다. 1시간 동안 심장을 멎게 해놓고 수술을 한 뒤 다시 심장을 뛰게 하는, 상당히 어려운 수술이었다. 서울대학교병원과 연세대학교병원이 1년에 100케이스 이상, 고려대학교병원과 한양대학교병원이 1년에 10케이스 정도 수술할 뿐 다른 대학병원에서는 시도하지 못하는 수술이었다. 그런데 민간병원인 세종병원에서 심장수술을 한다고 하자 많은 신문 기자들이 모여들었다. 모교인 서울대학교병원 흉부외과 교수님들도 수술을 참관하러 왔다.

개심수술을 요하는 승모판막협착증 환자가 찾아왔을 때 우리는 수술 한 달 전부터 철저한 준비를 했다. 내과, 소아과, 흉부외과, 방사선과, 마취과의 전문의 10여 명과 수술실 간호사 3명, 심폐기 기사 1명, 중환자실 간호사 5명, 시설과 직원 4명 등 24명이 모여 수술 전 예행연습을 했다. 마네킹을 실제 환자처럼 침대에 눕혀 놓고 전 수술과정을 5번에 걸쳐 연습했다.

첫 수술 환자는 55세의 남자였다. 애초에 장담한 3시간 만에 성공적으로 수술을 끝냈고 환자는 우리가 예고한 대로 3주 만에 새사람이 되어 퇴

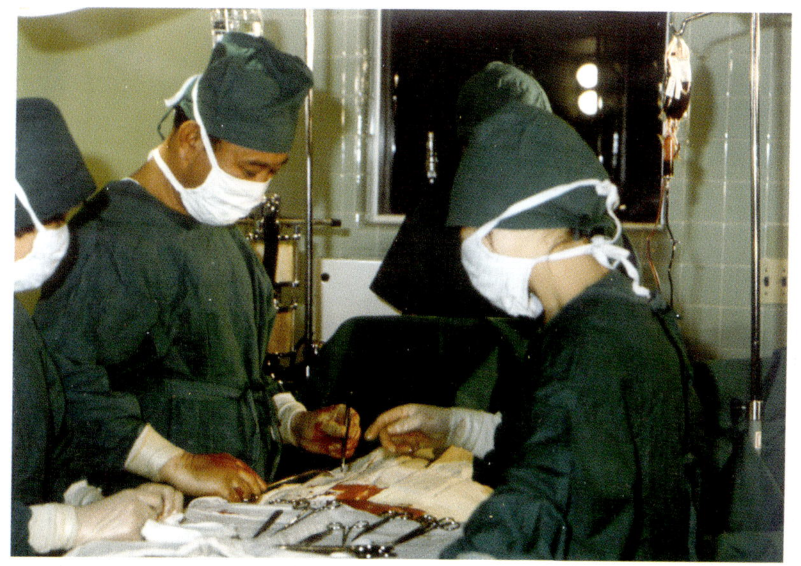

개심술을 최초로 실행. 1983년 1월 26일.

원했다. 요즈음은 수술시간과 입원기간이 많이 짧아졌지만, 당시로서는 흔치 않은 기록이었다.

이 과정을 날날이 지켜본 각 신문들이 '민간병원 최초 개심술開心術 성공'이라며 대서특필했다. 의료의 꽃이라는 심장수술을 해내자 환자들이 밀려들기 시작했다. 서울은 물론 전국 각지에서 물어물어 세종병원을 찾아왔다. 1983년에 50케이스의 심장수술을 하면서 세종병원은 심장병에 있어 서울대병원, 연세대병원과 함께 '빅3 병원'에 진입했다.

1984년 150례, 1985년 450례, 1986년 600례, 1987년 750례의 수술을 성공시켜 세종병원이 심장수술을 가장 잘하고, 가장 많이 하는 병원이 되었다. 대학병원이 많이 생긴 지금도 세종병원은 심장수술 분야에서 빅5에

속한다.

심장수술은 여전히 5% 내외의 사망률을 기록할 정도로 힘든 수술이다. 당시 심장재단은 세종병원의 수술성공률을 99.6%로 집계했다. 이러한 성공은 완벽한 협진 시스템 덕분에 가능했다.

협진은 여러 의사가 모여 토론하고 결정을 내려야 하기에 많은 시간이 필요하다. 한 사람의 심장병 환자를 치료하기 위해서는 심장내과, 심장소아과, 방사선과 등 진단 부서와 심장외과, 마취과 등 치료부서가 한 자리에 모여 열띤 토론을 해야 한다. 그 과정에서 환자에게 약물치료가 필요한지, 중제시술이 필요한지 아니면 수술이 필요한지 결정하게 된다.

수술을 할 때 판막이식이 필요한 경우, 판막이식이 끝나고 심장을 박동시켰을 때 이식 판막이 잘 열리고 잘 닫히는지를 미리 확인해야 한다. 심장내과 초음파 전문의가 수술실에 와서 식도를 통해 초음파 검사를 실시한다. 검사 결과가 좋아야 외과의사가 수술 마무리에 들어간다. 만약 수술이 미흡하면 다시 수리를 하여 이식 판막이 잘 작동하는지 확인한다.

선천성 심장병환자의 경우 영상의학과에서 소아심장 전문의, 영상의학과, 소아심장외과 등 의사들이 모여 영상을 보고 정확한 진단을 한 뒤 치료방법을 논의한다.

한 사람의 생명을 살리기 위해 논의하면서 세심한 준비를 하는 것은 너무도 당연한 일이다. 세종병원 의사들은 협진을 통해 정확한 진단을 하고 약간의 실수도 없이 완벽하게 수술하겠다는 각오를 단단히 하고 있다. 세종병원은 개원하자마자 급성장하며 심장수술 전문병원으로서의 입지를 굳혔다.

최고의 인재가 모이다

어느 직종이나 마찬가지겠지만 병원은 사람이 기본이다. 우리 병원은 신생병원이지만 처음부터 실력있는 훌륭한 의사들이 많이 와서 어려움 없이 의료진을 구성할 수 있었다. 원장이 심장전문의인 데다 심장수술을 위해 설립한 병원이라는 게 알려진 덕분이다. 국내 유일의 심장전문병원이다보니 흉부외과 전문의들에게 우리 병원은 상당히 매력적인 일터였다. 좋은 간호사들도 우리 병원에 많이 지원했다. 실력 있는 의료진들과 함께 출발하니 마음이 든든했다.

세종병원에 최고의 실력을 갖춘 인재들이 모였다는 건 전국의 병원이 인정하는 사실이다. 전국 병원에 세종병원 출신 의사와 간호사들이 진출해 있다는 점이 그 증거이다. 최고의 심장병원으로 자리매김하기 위해 교육을 철저히 했고, 그 결과 최고의 인재가 배출되었다.

세종병원에서 교육과 연구, 실습을 많이 하면서 한편으로는 해외에 나가서 배울 기회도 마련했다. 나 자신이 독일에서 많은 것을 배우며 도전받았기에 후배 의사들에게도 기회를 주고 싶었다. 가능하면 장기 유학 지원 계획을 세웠다.

의사가 해외연수를 갈 때 왕복 비행기 티켓과 매달 체재비를 지원하면서 월급은 고스란히 지급했다. 의사 해외 연수프로그램에서는 대학병원을 포함한 전체 병원 가운데 세종병원이 최고라고 자부한다. 가장 우수한 복지 시스템과 최장기 교육프로그램을 고수하고 있다.

세종병원 의사들은 대개 미국으로 연수를 갔다. 내가 다녀온 뒤셀도르프 병원을 지원하는 의사가 있길 바랐지만 언어문제로 지원자가 없었다. 대부분의 의사들이 영어를 잘 하는 데다 미국의 의술이 발달해 그쪽으로 가는 것이 더 효율적이기도 했다. 모든 의사가 해외연수를 가는 것은 아니지만 세종병원은 의지가 있으면 누구든 지원할 수 있다.

연수를 다녀오면 의무적으로 보고서를 제출해야 한다. 모든 의사가 보고서를 공유하여 함께 새로운 것을 익히는 기회로 삼는다. 보고서를 통해 의술도 익혔지만 습관이나 관행같은 게 바뀌기도 했다.

내가 독일 뒤셀도르프 병원에서 근무할 때 한국의 병원과 다른 면을 많이 발견했다. 일례로 독일 의사들은 수술실에 들어가기 전 팬티를 제외한 속옷을 다 갈아입은 뒤 수술복을 입었다. 수술실 안에 들어가서 다시 소독된 가운으로 갈아입었다. 수술실에 들어갈 때 신발까지 갈아 신었다. 수술에 앞서 그 정도로 철저하게 위생에 신경 썼다.

한국으로 돌아오니 수술실 위생 부분이 많이 낙후된 상황이었다. 나만이라도 배운 대로 실천하기 위해 수술실에 들어갈 때 철저하게 수술복을 갈아입었다. 세종병원 개원 이후 의사들에게 수술실 위생에 대해 강조를 많이 했으나 지키지 않는 의사도 있었다. 그런데 해외 유학을 다녀온 뒤에는 누가 시키지 않아도 수술실 위생을 스스로 잘 지켰다. 외국 병원에서 보고 느낀 바가 있어서일 것이다.

유학을 다녀온 의사들이 많아 우리 병원 수술실 위생 문제는 어느 병원보다 뛰어난 상황이다. 실제로 밖에 가서 보고 오면 달라진다. 그런 모습을 보면서 투자한 것에 보람을 느꼈다.

세종병원은 초창기부터 간호사교육을 철저히 실시했다. 심장병 수술이 워낙 중해서 간호사 교육이 반드시 필요했기 때문이다. 간호사 교육을 병원 내에서 체계적으로 시키고 있다. 다른 부서의 간호사는 자율 교육이지만 중환자실 간호사는 반드시 교육을 받아야 한다. 1984년부터 중환자실 간호사 교육을 시작했다. 초급자과정 24시간, 중급자 과정 36시간을 의무적으로 이수해야 한다. 시험점수가 70점 넘으면 이수증과 함께 월급을 올려주었다. 일반 간호사도 초급자과정, 중급자과정, 강사과정으로 나누어 지속적인 교육을 실시하고 이수하면 수당을 상향 조정한다.

다른 부서는 자율이지만 대부분의 간호사들이 교육을 받는다. 특별히 강사과정 교육을 이수한 뒤 자격을 얻어 강의하는 간호사들도 많다. 간호사들이 호흡기, 심전도 등 각각의 전공분야를 철저히 연구하고 가르치니 새내기 간호사들에게 많은 도움이 된다. 간호사 가운데 해외 연수를 받고 초음파 자격증을 따서 돌아온 예도 있다.

교육을 확실히 받은 세종병원 간호사들은 전국 어느 병원에서나 환영받는다. 특히 중환자들을 돌본 간호사들은 더 말할 나위가 없다. 전국 유명한 병원마다 세종병원 중환자실 출신 간호사들이 근무하고 있다. 세종병원 중환자실 간호사들의 실력은 다른 병원 보다 몇 배 뛰어나다고 자부한다.

결혼, 이사 등 개인적인 사정으로 유능한 간호사들이 다른 병원으로 갈 때 섭섭한 마음이 들었지만 전국 병원에 세종 출신의 실력 있는 간호사들이 일하고 있다는 것에 자부심과 긍지를 느낀다. 또한 세종병원 출신들이 다른 병원에 가서 일을 잘 한다면 우리가 조금이나마 기여한 셈이 되니 보람도 느낀다.

일반 직원들도 평소 필요한 교육을 받고 있다. 교육을 이수하는데 들어가는 시간만큼 금전적 이익과 혜택을 부과했다. 교육은 세종 직원들의 자부심을 길러주고 장기근속의 계기가 되었다.

세종병원 인재들이 특별히 뛰어난 것은 실패에 대한 두려움 없이 다양한 시도를 한 덕택이다. 나는 직원들에게 "어떤 일을 하다가 실패할 수는 있다. 하지만 똑같은 실패를 하면 안 된다"는 것을 늘 강조했다. 똑같은 실패를 하지 않기 위해서는 실패의 원인을 밝히는 게 중요하다. 생명을 다루는 일인 만큼 신중하게 일을 진행해야 한다. 그래서 환자가 세상을 떠나면 컨퍼런스를 열어 원인이 무엇인지 반드시 밝히도록 했다. 담당 의사가 사망원인을 찾아내고, 그 원인이 확실하면 기록으로 남겼다. 특히 환자 가족들이 시신을 기증하면 원인을 더 확실히 알 수 있었다. 나는 직원들에게 "실패한 원인을 모두에게 알려라. 그것이 쌓이면 우리의 실력이 되고, 환자를 살리는 길이 된다"고 강조했다.

실패의 원인을 공유하면서 세종병원은 점차 실패 횟수가 줄어들었다. 일반 업무도 마찬가지다. 예를 들어 문고리가 고장 나면 왜 고장 났는지, 어떻게 수리했는지를 반드시 기록으로 남겼다. 비슷한 사례가 생기면 곧바로 수정할 수 있도록 하기 위해서였다. 문제가 생기면 병원 컴퓨터 자료실에서 검색을 하면 된다. 수술에서부터 문고리 고치는 것까지 과거 사례들이 일목요연하게 정리되어 있다. 앞사람들의 노하우를 계속 쌓아나가는 것이 역사이자 발전이다.

그 과정에서 부서마다 독특한 매뉴얼이 만들어졌다. 예를 들어 미화부 병동청소의 경우 세부시간표, 절차, 작업방법, 주의사항, 감염예방을 위한 준수사항을 자세하게 마련했다. 세부 지침을 보면 청소 도구 종류, 보관 위치, 보관 방법, 청소 주기, 청소 방법, 세제 용도, 희석 비율까지 나와 있다. 누구든 매뉴얼만 보면 바로 미화 작업을 할 수 있도록 되어 있다. 표준화된 매뉴얼이 마련되어 있으니 언제 누가 청소를 해도 같은 방법으로 할 수 있는 것이다.

무엇보다도 함께 달려와 준 직원들에게 감사한다. 모든 직원이 사기충천하여 합심하여 노력한 가운데 세종병원은 날로 발전해왔다. 개원 이후 나는 틈만 나면 직원들에게 '미소 운동'을 강조했다. 고맙게도 직원들이 나의 뜻에 공감해 웃음이 떠나지 않는 밝은 분위기가 되었다. 나는 나이팅게일 수상제도를 마련하여 간호사들의 노력에 보답했고, 모범 사원들과 장기 근속자들을 최대한 좋은 조건으로 해외 연수를 보냈다.

7,000여 명의 심장병 어린이를 치료하다

1977년에 500인 이상 사업장 근로자를 대상으로 직장의료보험제도가 처음으로 실시되었다. 이후 1979년에 공무원과 사립학교 교직원, 300인 이상 사업장 근로자들이 혜택을 받았다. 1988년 농어촌지역의료보험, 1989년 도시자영업자를 대상으로 의료보험이 실시되면서 전국민의료보험시대를 맞았다.

의료보험이 처음 실시 될 때 심장병은 혜택을 받지 못했다. 1980년대 들어서면서 심장수술은 일부 의료보험 혜택을 받게 되었다. 1980년대 초에는 국민건강보험공단에서 50%를 부담하고, 본인이 50%를 부담했다. 점차 공단의 부담률이 높아져서 1984년 초에는 공단이 70% 본인이 30%를 부담했다. 하지만 30%에 해당하는 300만원도 마련하기 쉽지 않은 가정이 많았다.

한국일보에서 심장병 어린이 돕기 운동을 펼친 것처럼 환자들이 도움을 받을 방법이 없을까, 계속 생각했다. 하루 빨리 많은 환자들을 수술하고 싶은 마음이 불타고 있었다. 병원을 적자 없이 운영하는 것도 시급한 과제였지만 그것보다는 우선 심장병 환자들을 마음껏 치료하고 싶은 마음이 간절했다.

1983년 11월 한국을 방문한 레이건 미국 대통령 부부가 귀국하면서 한국의 심장병 어린이 2명을 데리고 갔다. 신문마다 레이건 대통령 부부와 아이들이 트랩을 올라가는 사진을 대서특필했다. 그 기사를 보는데 화가 치밀었다. 나는 즉석에서 '우리가 왜 1950년 6·25 당시의 기브미 츄잉껌 시대로 돌아가느냐?'라는 제목의 항의서 같은 기고문을 신문사로 보냈다. 비슷한 시기에 심장병 어린이를 돕던 미카엘라 수녀님이 한 방송에 출연해 심장병 어린이의 치료가 시급하다고 호소했다. 그런 여러 활동 덕분인지 얼마 후 새세대심장재단이 발족되었다. 이 재단의 도움으로 많은 환자들이 국내에서 수술을 받을 수 있었다. 새세대심장재단은 후일 한국심장재단으로 바뀌었다.

심장병 아이들을 도와주려면 환자 부담금 300만 원을 지원해줄 곳을 찾아야 했다. 세계에서 가장 큰 교회인 여의도순복음교회에서 구제사역을 많이 한다는 소식을 접하고 조용기 목사님을 찾아갔다.

"선천성심장병은 부모의 아무 잘못 없이 우연히 태어납니다. 하지만 적정 연령에 수술만 해주면 한 번의 수술로 평생 정상적으로 살 수 있습니다. 그러나 적기를 놓치면 불치의 병이 되어 20세 전후에 모두 죽게 됩니다."

자초지종을 설명한 뒤 여의도순복음교회가 세종병원과 함께 선천성심장병 아이들을 돕는 사업을 펼쳤으면 좋겠다고 말씀드렸다. 그러자 조 목사님이 그 자리에서 선천성 심장병 어린이들을 돕겠다고 약속했다. 바로 다음날 여의도순복음교회는 교회 뜰에 커다란 펜스를 치고 신문지를 모으기 시작했다. 교인들이 모아온 신문지를 팔아 심장병 어린이를 돕는 일에 적극 나섰다. 어떤 교인은 아예 리어카를 끌고 다니며 동네의 신문을 다 모아서 교회로 갖고 왔다. 워낙 교인들이 많으니 매주일 신문지가 산더미처럼 쌓여 많은 아이들을 치료할 수 있었다.

의료보험료에서 본인부담금이 조금씩 경감되었다. 40% 30% 20%로 줄어들다가 지금은 5% 정도만 부담하면 된다. 지금까지 여의도순복음교회는 국내외 합쳐 5,000명의 심장병 수술비를 지원해주었다. 한 교회가 30년 넘게 심장병 어린이를 돕는 건 놀라운 일이 아닐 수 없다.

1985년 어느 날, 한 사람이 찾아왔다. 1975년 한양대 병원에 근무할 때 딸을 데리고 왔다가 수술비가 없어 그냥 돌아간 분이었다. 그때 축 처진 어깨로 힘없이 나가는 모습이 가끔 떠올라 마음이 아팠는데 그가 10년 만에 나를 찾아온 것이다. 딸은 훌쩍 자라 중학생이 되어 있었다.

그는 딸의 수술비를 벌기 위해 열심히 일해 중소기업 사장이 되었다며 돈을 마련해왔으니 수술해 달라고 말했다. 정밀검사를 해보니 이미 때를 놓쳐 현대 의학으로도 도저히 살릴 수 없는 지경이었다. 안타깝기 그지없었다. 나는 마음을 다잡고 아이 아빠에게 사실대로 이야기해 주었다.

"만약 아이가 처음 병원을 방문했을 때 수술을 했더라면 비교적 간단한 수술로 치료할 수 있었을 텐데, 이제는 병이 진행하여 폐동맥압이 대동맥압과 같아지는 상태가 되었습니다. 현대의학으로도 도저히 치료가 불가능합니다."

그는 돈이 얼마가 들어도 좋으니 제발 아이를 살려달라고 눈물로 호소했다. 나도 함께 눈시울을 붉혔다. 혹여 선진국으로 가면 가능할지도 모른다는 희망에서 영국 국립심장센터의 야콥이라는 유명한 의사를 소개해주었다. 약 한 달 후 아이 아빠가 병원을 다시 찾아와 야콥 선생도 치료가 불가능하다는 진단을 내렸다며 눈물을 삼켰다. 그러면서 돈이 없어 제때에 치료받지 못하는 아이들을 돕고 싶다며 후원금을 내놓았다. 그 독지가의 아이는 안타깝게도 4년 후 하늘나라로 갔다고 한다.

2016년에 부천시에서 웹툰 활성화 공모 사업을 벌였는데 40대 1의 경쟁률을 뚫고 1등을 차지한 〈명의〉라는 작품에서 이 이야기를 다루었다. 웹툰 〈명의〉는 선천성 심장병을 앓던 '천이슬'을 통해 당시를 회상한다. 만화 속에서 이슬이는 네 살 때 '박영광'(내 이름에서 딴 주인공) 명의에게 심장병 진단을 받았지만 가난한 형편 때문에 제때 치료를 받지 못했다. 그녀의 아버지가 열심히 돈을 모아 수년 뒤 박 명의를 다시 찾지만 불치의 병으로 악화돼 결국 이슬이는 10대 때 숨을 거둔다. 약간의 픽션이 가미되긴 했지만 〈명의〉를 보니 그때 일이 떠올라 마음 아팠다.

1989년 경에 2만여 명의 선천성심장병 아이들이 거의 대부분 치료되었다. 대형병원들이 생기면서 그만큼 기간이 짧아진 것이다. 본격적으로 우리나라가 잘살기 시작할 때였다. 국민소득이 1만 달러에 육박하면 출산율이 줄어들고, 자연히 선천성 심장병 환자도 줄어든다. 또 미리 임신 과정에서 검사를 하여 선천적으로 심장병이 있다해도 대부분의 경우 간단한 수술로 정상인과 같이 살수 있음에도 불구하고 낳지 않으려는 경향이 높아 안타깝게 생각한다.

선천성심장병 환자 2만 여 명의 3분의 1인 7,000여 명을 세종병원이 수술했다는 것에 보람을 느낀다.

의료보험이 실시되어 심장병 환자들을 치료할 수 있었고 무엇보다도 여러 독지가의 도움이 있었기에 가능했다. 그 일에 세종병원이 큰 역할을 한 것을 대단히 보람 있게 생각한다.

거침없는 전진을 계속하다

개원 후에도 동위원소실과 MRI실을 갖추는 등 계속 병원의 시설을 확충했다. 특히 개원 2년 만에 심장병연구소를 개설하여 지속적인 연구를 해나갔다. 개인병원에서 심장병연구소를 운영하는 것은 재정적으로나 기술적으로 쉬운 일이 아니지만 세계적인 심장병전문병원을 꿈꾼 만큼 포기할 수 없는 부분이었다.

무엇보다도 기뻤던 것은 1986년 9월 1일, 나의 학문의 아버지 일천 이영균 교수님이 서울대학교병원 원장직에서 정년퇴임하고 심장병연구소 소장으로 부임한 일이다. 교수님이 우리 병원에 부임할 때 10년 전에 세상 떠난 아버지가 다시 오신 것처럼 감개무량했다.

이영균 교수님이 소장으로 취임한 날 저녁, 나는 퇴근도 잊은 채 내 방에서 지난날을 더듬어 보았다. 개심술이 1,000례를 넘어섰고, 100병상으로 시작하여 300병상이 된 상황이었다. 인턴과 레지던트 수련병원으로 승격한 것도 기쁜 일이었다. 수련병원으로 인정받으려면 대단히 까다로운 조건을 통과해야 한다. 병원 규모와 의사 숫자, 교육시킬 수 있는 자격 등 다양한 조건을 충족해야만 수련병원이 될 수 있다. 대개 대학병원에서 수련을 맡는데 개인병원이 수련병원으로 지정된 것은 모든 면에서 인정받았다는 뜻이다.

세종병원은 중환자실에 각별히 신경을 썼다. 병원 전체 병상에서 중환자실 베드가 몇 %인가가 중요하다. 300베드로 늘어났을 때 중환자실 베드는 전체 베드의 10%인 30개였다. 대부분의 병원은 중환자실 베드 비율이 1~5% 내외이다.

중환자실 한 베드 당 장비를 다 합치면 일반 환자 베드 당 장비 값의 10배가 넘는다. 세종병원은 모든 장비를 최고급으로 구입했다. 예를 들어 인공호흡기의 종류는 100만 원부터 3,000만 원까지 다양하다. 폐와 심장을 동시에 편안하게 만드는 인공호흡기를 설치해 환자의 상태를 최상으로 끌어올리고 정상 혈압을 유지하도록 했다. 최첨단의 최고급 기계를 구입하는 것이 세종병원의 원칙이다.

지금도 세종병원 중환자실 비율이 전국에서 가장 높다. 심장병 환자를 수술하는 전문병원이니 중환자실 비율이 높은 게 당연한 만큼 다른 병원과의 비교 자체가 무의미할 수도 있겠다.

2015년에 메르스 사태가 났을 때 에크모 기계가 없는 병원이 많아 문제가 되었다. 에크모는 심장과 폐의 역할을 하는 체외산소공급기이다. 우리 병원은 이미 20년 전, 미국에서 기계가 생산된 그해에 6대의 에크모 기계를 구입해 중환자실에 비치했다.

초음파검사실에 10대의 초음파 기계가 있고 중환자실과 수술실에도 한 대에 3~4억씩 하는 초음파 기계를 설치했다. 수술실에 있는 경식도 초음파 기계는 판막이 열리고 닫히는 것이 환하게 보여 수술을 용이하게 한다. 우리나라에서 가장 먼저 시도한 것이다. 세계적으로도 굉장히 빠른 시도였다. 요즘은 휴대용 초음파 기계로 수술실이나 중환자실에서도 심장을 보면서 치료한다.

초음파 기계의 가격이 천차만별인데 비싼 것은 싼 기계의 30배가 넘는다. 세종병원은 초음파 기계를 비롯한 모든 기계를 최고급으로 구입했다.

우리 병원의 장비를 보고 "당신은 의사이기도 하지만 경영자인데, 수지타산도 맞춰야 하는 거 아니냐"는 말을 하는 사람도 있었다. 좋은 장비로 많은 환자를 살리는 일이 기쁘고 즐거워서 더 많이 투자하고 싶은 마음뿐이다. 비싸도 투자할 수밖에 없는 이유는 좋은 기계는 그만큼 더 정확하게 진단하기 때문이다.

별관을 증축하여 전산 시스템을 가동했고 심장병 어린이 무료검진센터를 설치하였고, 심장병 어린이돕기 바자회를 열기도 했다. 병원 준비로 바쁘던 때가 엊그제 같은데 많은 실적을 올리고 좋은 시설을 갖추니 감개무량했다. 이런 일이 어찌 나 혼자만의 노력으로 가능했겠는가! 함께 달린 세종병원 가족들에게 마음속으로 감사 인사를 했다.

7부

해외 심장병 어린이를 살리다

해외 심장병 어린이를 살리다

뇌졸중으로 쓰러지다

1982년에 병원을 개원하고 심장 수술하는 의사로, 병원 살림 관장하는 경영자로 정말 바쁘게 살았다. 사람들을 만나느라 밤 10시 전에 귀가한 기억이 별로 없을 정도로 빡빡한 스케줄이었다. 1980년부터 병원 개원 준비를 했으니 거의 7년 동안 쉴 틈 없이 일한 셈이다.

수많은 연말 모임을 치르고 신년 모임이 이어졌다. 1987년 1월 26일 부산고등학교 10회 동기회 모임이 있었다. 당시 내가 동기회 회장이었다. 1차 모임에 이어 2차 술자리가 자정을 넘긴 시각까지 계속됐다.

다음날 새벽, 침대에서 일어나는데 오른쪽 다리가 휘청했다. 아직 술이 덜 깼구나, 라고 생각하며 화장실에서 세수하고 면도를 했다. 그런데 이번엔 오른손이 부자유스러웠다. 이상한 생각이 들어 급히 병원에 와서 진찰을 해보니 뇌졸중이었다. 당시 세종병원에 신경과가 없어 서울대학병원으로 갔다.

서울대학병원에서 정밀검사를 해보니 뇌혈전증이라는 진단이 나왔다. 뇌의 동맥에 핏덩이가 생겨 동맥 내강이 폐쇄되었다는 것이었다. 원인은 동맥경화, 즉 중풍이었다.

"좀 쉬었다 가라는 뜻이니 이참에 좀 쉬시오."

"아홉수를 넘기느라 온 경고니 그리 알게."

병문안을 온 사람들이 그런 위로를 했다. 49세, 건강을 자신했던 나에게 닥친 시련이었다.

나는 '출입금지' 표지가 붙은 병실에 누워 생각했다. 다른 사람의 건강을 돌보는 의사면서 정작 나 자신의 건강을 돌보지 않았다는 사실이 부끄럽고 후회스러웠다. 병원은 이제 막 1장을 넘겼을 뿐, 해야 할 일과 하고 싶은 일이 태산처럼 많은데 몸 반쪽이 불편한 채로 누워있다니 낭패가 아닐 수 없었다. 하지만 고민은 거기서 끝냈다.

'좋다. 깨끗이 시인하자. 나는 육체의 패배자이다. 하지만 나는 일어날 수 있다.'

현재의 상황을 인정하고 치료에 전념하기로 결심했다. '패배의 쓴잔을 마셔보지 못한 자는 진정한 승리자의 극치를 모른다' 그렇게 생각하며 아픔을 달랬지만 자꾸 마음이 약해졌다.

'서울대 입시에서 불합격이라는 수치감을 느꼈고, 그것을 되풀이하지 않기 위해 몸부림쳤던 재수생의 고독은 다시 맛보고 싶지 않은 고통이다. 교수 시절 도전의식 때문에 생긴 여러 사건들, 독일 연수 시절, 꿈을 안고 설립한 세종병원, 제2장을 위해 하루빨리 일어나야 한다.'

꼬리에 꼬리를 무는 생각에 빠져있는데 세종연구소 소장으로 오신 이영균 교수님께서 여러 동료 의사들과 함께 들어오셨다. 미소를 머금은 모습을 보고 안심했다. 나의 몸 상태가 위급 상황이 아니라는 의미였기 때문이다. 이영균 교수님이 나직이 속삭이듯 말씀하셨다.

"Who goes slowly goes far!"

'천천히 가는 자가 멀리 간다'는 말씀을 들으며 확실히 치료를 하여 다시 일어서야겠다는 각오를 다졌다.

입원한 지 1개월 만에 퇴원했다. 불편한 몸을 이끌고 집으로 돌아오는데 마음이 복잡했다. 낮에는 보는 눈들이 많아 집안에서 지내다가 날이 저물기를 기다려 아내와 함께 집밖으로 나갔다. 아파트 계단을 이용해 아내를 지팡이 삼아 다리운동을 하기 위해서였다. 땀 흘린 만큼 차도가 있었지만 아둔한 몸은 성급한 마음을 따라주지 못했다.

어느 날 한의원에 다녀온 아내가 조심스럽게 말을 꺼냈다.

"한의원에 갔더니 한의사 치료법은 1침, 2구(뜸), 3약이라고 합디다. 환자가 양의사라고 했더니 약제는 그만두고 제일 효험이 빠른 침과 차선책인 쑥뜸을 권했어요. 어쩌면 좋겠어요?"

나는 단호히 고개를 저었다.

난처한 표정의 아내는 그럼 침이라도 맞자고 했다. 내가 그것도 거절하자 간단한 벌침도 있다고 소개했다. 내가 좀 음성을 높이며 맞지 않겠다고 하자 아내는 말없이 나를 바라보더니 벌떡 일어나 출입문을 부술 듯 세게 닫고 나가 버렸다. 20년을 함께 살면서 그토록 광풍 같은 모습은 처음이었다. 대를 이어 서양의학을 전공한 나는 땀이 부족하면 눈물까지 흘릴 각오가 되어 있었다. 넉넉잡고 3개월이면 약간 보행도 가능할 정도로 회복될 걸로 예측했다. 한의술을 부정하는 게 아니라 양의술로 충분히 회복 가능하다는 걸 알기에 아내의 말을 받아들이지 않은 것이다. 나를 위해 온갖 노력을 다하는 아내에게는 미안한 일이었지만 나는 한의에 기대지 않기로 했다.

한참 후 아내가 궁금하기도 하고 보행 훈련도 할 겸해서 슬며시 나가 보았다. 창밖에 함박눈이 내리고 있었다. 아내는 창문 앞 맨바닥에 앉아 소리 없이 울고 있었다. 아내의 우는 모습을 본 것은 그때가 처음이었다. 가슴이 아프고 미안하여 "내가 잘못했다"고 하자 아내는 서럽게 울면서 말했다. 남편이 쓰러진 것도 충격이고, 입시에 실패한 큰딸이 재수 하겠다는 것을 달래어 2차에 원서를 접수시킨 것도 가슴 아픈데.. 남들이 좋다고 하는 치료는 시도도 해볼 생각 안하고 일언지하에 거절하니 내가 어떻게 하라고.. 하면서 더욱 큰소리로 울었다.

아내의 헌신적인 간호와 주변의 도움으로 발병한 지 두 달 만에 많이 회복되었다. 분신과도 같은 세종병원을 그리며 출근할 날을 얼마나 학수고대했는지 모른다. 불편한 몸을 이끌고 오매불망 그리던 병원에 도착했다. 출근하는 나를 보고 아내가 '의지의 사나이'라고 불렀다. 더욱 굳센 의지로 열심히 달리리라 결심했다. 다시 출근하면서부터 운동을 생활화 했다. 퇴근할 때 양재천 부근에서 내려 한 정거장 정도 되는 거리를 걸어 집으로 돌아왔다.

격랑의 1987년과 우울증

1987년, 민주화바람을 타고 세종병원에도 노조가 결성되었다. 뇌졸중과 노조 파업으로 몸과 마음이 아팠지만 그해에 좋은 일도 많았다. 죽어도 남의 피는 한 방울도 받을 수 없다는 '여호와의 증인' 신도인 50대 여 환자에게 국내 최초로 수혈 없이 심장수술을 시행하여 성공을 거두었다. 제주에서 심장병 환자 무료 진료를 실시했으며 인공신장실도 개설했다.

나의 사부인 이영균 교수님과 함께 세종심장병연구소를 세종의학연구소로 확대 개편하여 심장병 외에도 각종 의학 분야의 연구를 시행했다. 흉부외과에서 팀을 구성해 송아지 인공심장이식에도 성공했다. 12월 5일 심장병 어린이 무료수술의 공로로 국민훈장 목련장을 수상하여 많은 분으로부터 축하를 받았다.

돌이켜 보면 1987년은 그야말로 복잡다단한 해였다. 1월 27일에 뇌졸중으로 쓰러졌고, 3월에 막내 매부가 직장암으로 세상을 떠났다. 가을에 노조가 결성되어 파업이 있었고, 11월에는 할머니가 세상을 떠나셨다. 또 12월 5일에는 훈장을 받았다. 일도 많고 탈도 많았던 1987년은 내가 감당하기에 너무 벅찬 한 해였다. 이제 다시 힘을 내서 세종병원의 발전을 위해 열심히 달리리라 결심했다.

1988년은 올림픽이 열리는 역사적인 해로 온 나라가 역동적으로 움직였다. 모두들 밝고 활기찬데 이상하게 나는 입맛이 없고 의욕도 없었다. 노조 문제가 해결되어 병원이 잘 운영되고, 몸도 어느 정도 회복되었는데 기분이 계속 가라앉았다. 일을 하려고 해도 의욕이 생기지 않았다. 연중 첫 행사인 시무식을 병원과 노동조합이 공동으로 주관했고, 춘계 등산대회

국민훈장 모란장을 받고 찍은 사진.

를 열기로 했다는 사무장의 업무보고를 건성으로 듣고 집으로 돌아왔다.

의욕이 없고, 말하기도 싫고, 불만이 차오르고, 부정적인 생각만 몰려왔다. 우울증의 시발이라는 게 느껴졌다. 어떤 병이든 그 분야 전문의를 찾아가는 게 최고의 해결책이다. 우울증 전문의로 이름난 이재성 박사님을 만났다. 일주일에 두 번씩 병원에 오라고 했다. 그런데 이 박사님은 갈 때마다 나에게 말을 하라고 한 뒤 듣기만 했다. 첫날 입이 떨어지지 않아 50분 동안 가만히 앉아 있다가 그냥 돌아왔다. 그 다음에도 마찬가지였다. 50분 동안 겨우 한두 마디 하는 게 고작이었다. 무슨 처방을 해 줄 걸로 기대 했지만 이 박사님은 아무 말도 하지 않았다. 그러기를 몇 차례 반복했다. 나는 참지 못하고 질문을 했다.

"박사님, 나 같은 우울증 환자에겐 침묵이 치료법입니까? 무슨 처방이 있어야 할 것 아닙니까?"

이렇게 말해도 그는 빙그레 웃기만 했다. 의사와 50분 동안 마주앉아 있는데 드는 비용이 11만 원이었다. 돈이 아까워서라도 얘기를 하지 않을 수 없었다. 횟수를 거듭할수록 말문이 트이기 시작했다. 어느 틈엔가 이 박사님 앞에서 계속 말을 이어갔다. 매주 두 번씩 의사를 만나 내 마음을 털어놓았다. 그러고 보니 그동안 다른 사람에게 내 속을 보인 적이 없었다. 경영자 입장에서 명령만 했지 대화를 할 일이 없었던 것이다.

계속 얘기를 하는 가운데 나도 몰랐던 내 마음을 알 수 있었다. 다 치료되고 해결된 줄 알았는데 마음 한 구석에 응어리가 남아있었던 것이다. 갑자기 찾아온 뇌졸중으로 인한 좌절, 일부이기는 하지만 가족처럼 생각해온 직원들이 노조를 결성하고 파업을 한 것에 대한 배신감이 고스란히 올라왔다. 그때 내 심정은 가족도 직원도 노조원도 동료들도 다 원망스럽고 싫었다. 그냥 죽고 싶다는 생각만 들었다. 그런데 의사에게 내 속의 얘기를 털어놓으니 속이 시원해지면서 마음이 조금씩 정리되었다.

내 얘기를 어느 정도 다 듣고 난 후 이 박사님이 처방을 해주었다. 약도 주고 깊은 산속에 들어가 그동안 가슴에 맺혀 있던 응어리를 토해내는 방법도 알려주었다. 나는 며칠에 한 번씩 산에 올라가 바람도 쐬고 소리도 지르며 마음속의 고름 같은 찌꺼기를 깡그리 털어냈다. 그러자 조금씩 새 삶의 빛이 보이기 시작했다. 마치 언 땅이 녹고 새싹이 돋듯이.

우울증을 털어내는 일에 스키도 한몫 했다. 물리치료실에 가면 다리에 힘이 생기도록 하기 위해 볼 차는 연습을 시켰다. 동일한 행동을 반복적으로 해야 하니 지루해서 오래할 수가 없었다. 재미있는 운동이 뭐 없을까, 생각하다가 스키를 배우기로 했다. 나도 아내도 호기심이 많아 새로운 걸 습득하기 좋아하는 편이다.

스키장에 가서 각자 강사에게 스키 타는 법을 배웠다. 첫날 오전 강습이 끝나고 나자 아내가 하기 싫다는 것이었다. 왜 그러냐고 묻자 넘어져서 일어나지 못하자 강사가 "할머니는 안 되겠네"라며 기를 죽였다고 했다. '할머니'라는 말에 아내는 매우 기분이 나빴던 모양이다. 아직 할머니로 불릴 나이는 아니었다. 그 자리에서 당장 다른 강사로 교체해달라고 항의 전화를 했다. 아내가 오후부터 잘 타는 것을 보면서 가르치는 사람의 말과 행동이 정말 중요하다는 걸 새삼 깨달았다.

다리에 힘을 줘야 하는 스키는 운동도 되면서 재미도 있어 신이 났다. 땅에서 걷는 건 여전히 좀 어둔하지만 스키는 씽씽 잘 내려가니 심적으로 상당한 위로가 되었다. 스키는 심신의 건강에 큰 도움이 되는 운동이다. 나를 위해 같이 스키 타는 친구 같은 아내가 고맙기 그지없었다.

우울증을 치료한 또 하나의 중요한 요인은 하나님과의 대화였다. 여의도순복음교회에서 심장병 아이들을 지원해주는 일이 고마워 교회도 나가고 설교도 들었지만 믿음이 생기지 않았다. 그런데 우울증이 생기면서 하나님에게 질문하고, 대화하는 가운데 마음의 응어리가 서서히 녹아내리기 시작하며 내 마음이 치유되는 걸 느낄 수 있었다.

마비된 팔다리의 재활을 위해 스키를 배우다. 1988년.

마음의 짐을 다 내려놓은 듯

홀가분해진 느낌이 들면서 점차 뇌졸중이 오기 전 긍정적이면서 의욕적인 나로 돌아가게 되었다.

평생 잊을 수없는 1989년 초, 내게 더할 나위 없는 기쁜 소식이 날아왔다. 큰아들 진식이 서울대학교 의과대학에 합격한 것이다. 우울증이 많이 치료되긴 했지만 때때로 가라앉곤 했는데 아들의 합격 소식이 어두운 마음을 완전히 밀어냈다. 바닥에 조금 남아있던 우울증이 한꺼번에 날아가면서 거짓말처럼 마음이 맑아졌다. 그 순간 '애정은 생리적으로 강하나 미움은 생리적으로 약하며, 원수는 내 마음속에 있다'는 말을 실감했다.

내가 서울의대에 합격했을 때 몹시 좋아하셨던 아버지처럼 나 역시 기쁨을 감추지 못했다. 아들의 합격이 나의 오랜 고난에 대한 보상처럼 느껴져 참으로 보람 있고 기분 좋았다.

1987년과 1988년은 고통스러웠지만 나를 재정비하는 기간이었다. 앞만 보고 달려오다 몸과 마음이 다 아팠지만 회복하면서 많은 것을 깨달았다.

국경 없는 세종병원 의사회

'병원은 사회의 공공재다. 병원을 찾아오는 환자만을 대상으로 한 의료는 그 사명을 다하지 못한다.'

나는 이 말을 늘 마음에 새기고 있었다. 내가 꿈꿔왔던 심장병 없는 세상을 만들어가기 위해 병원과 병원 경영자의 다른 역할이 필요했다. 세상을 품고, 세상의 아픔을 어루만져 주고 싶었다.

1989년 우리나라에 적체되어 있던 2만여 명의 심장병 환자들이 대부분 수술을 받았다. 개원할 때 2만 명의 환자가 다 수술 받게 될 것을 예측하는 그래프를 그렸는데 정말 그대로 되어 내가 먼저 놀랐던 기억이 난다.

선천성 심장병 어린이 환자는 거의 치료를 했지만 그 즈음 후천성 심장병 환자가 내원하기 시작했다. 국민소득이 올라가면서 잘 먹기 시작하자 관상동맥 질환이 늘어난 것이다. 1990년부터 성인 심장병 환자들이 많아졌다. 그 전에도 성인들 가운데 협심증 환자가 많았지만 진단기술이 발달하지 않아 발견을 못한 면도 있었다.

내가 의학 공부를 시작할 때만해도 심장병은 거의 불치병이었는데 의학기술이 발달해 고칠 수 있게 되었다. 심장병이 더 이상 불치병이 아니라는 점에서 흉부외과 의사로서 자부심을 느낀다.

'심장병 어린이가 없는 세상을 만들고 싶다'는 나의 목표가 국내에서는 거의 이루어졌지만 가난한 나라의 어린이들은 치료받을 길이 없었다. 때를 놓치면 폐동맥 고혈압증이 되어 수술이 불가능하게 되는 걸 뻔히 아니 마음이 답답했다. 해외 어린이들을 치료해주고 싶다는 마음이 불같이 일었다. 문제는 돈이었다. 해외 어린이는 보험도 안 될 뿐더러 데려 오는 것도 문제였다. 어린이와 보호자 두 사람의 왕복 비행기 티켓에 체재비 등 비용이 만만치 않았다.

여러 단체에 '해외 심장병 어린이 돕기'의 취지를 설명하고 후원을 요청했다. 여의도순복음교회, 구세군, 밀알심장재단, 한국심장재단, 대한약사회, 성안성심재단, 한국어린이보호재단, 선의복지재단, 홍능종묘원 등 수많은 단체가 해외 어린이를 위해 사랑을 베풀어 주었다.

특별히 가수 수와진이 발 벗고 나섰다. 전국 방방곡곡을 돌며 공연을 펼

여의도순복음 교회에서 심장병 어린이 수술 축복예배를 드리고 있다. 1989년.

쳐 모금한 돈으로 심장병 어린이 돕기에 적극 나섰고 그 사랑은 지금도 이어지고 있다. 택시에서 껌을 팔고 모금을 하여 모은 돈으로 도움을 준 사랑실은교통봉사대도 잊을 수 없다.

여기 나열하지 못한 수많은 후원기관과 사회복지단체에 감사인사를 올린다. 또한 여러 해외기업과 뜻있는 개인들도 도움을 주었다. 그 분들의 정성으로 중국, 러시아, 몽골, 베트남, 캄보디아, 이라크 등지의 어린이를 대상으로 심장병 무료 수술을 진행했다.

개인적으로 큰 도움을 준 분은 여의도순복음교회 조용기 목사님이다. 2008년에 현역에서 은퇴한 조용기 목사님이 나를 찾아오셨다. 은퇴하면서 받은 전별금이라고 하면서 무려 20억 원이라는 거액을 내놓으셨다. 그 돈

김대중 대통령 러시아 방문 한달 전. 러시아 심장병 어린이 5명과 영부인 이희호여사와 함께 청와대에서. 1999년 5월 27일.

으로 심장병 아이들을 살리고 싶다고 하셨다. 여기에 여러 독지가들의 성금을 합쳐 단 시일 내에 200명이 넘는 해외 어린이를 데려와 수술해 주었다. 성금이 모일 때까지 애타게 차례를 기다리던 아이들이 빨리 수술 받게 되어 몹시 기뻤다. 나보다 조용기 목사님이 더 기뻐하며 굉장히 보람 있게 생각하셨다.

해외 심장병 어린이 돕기는 지금도 계속되고 있으며 우리 병원이 존재하는 한 끝까지 이어질 것이다. 아시아와 아프리카의 가난한 나라 아이들을 도와주고 있는데 아직도 손이 미치지 못한 곳이 있다면 북한 어린이들이다. 일반적으로 신생아 1,000명 중에서 8명이 선천성 심장병을 갖고 태어난다. 북한에 우리의 의술을 전하는 통로가 생겼으면 좋겠다.

1984년부터 5,000명의 심장병 아이가 수술 받도록 도움을 준 여의도순복음교회가 북한 심장병 어린이 돕기에 관심을 가졌다. 여의도순복음교회에서 2007년에 평양에 심장병원을 착공했으나 남북관계가 경색되면서 공사가 중단되었다. 평양에 심장병원이 준공되면 북한 어린이들을 수술할 수 있을 거라고 기대했는데 아쉬운 일이다. 빨리 남북통일이 되어 북한 어린이를 치료해줄 수 있게 되기만 기대한다. 의술에는 이념도 국경도 없다.

해외 심방병 어린이 첫번째 수술 환자와 함께. 1989년.

베풀 수 있어서 감사하다

2017년 12월 말 현재 우리 병원에서 심장병을 수술 받은 국내 어린이는 1만 1,739명, 해외 어린이는 1,458명이다. 성인심장수술을 합치면 3만 2천여 명에 이른다.

해외 1호 환자는 중국 연변延邊에서 온 다섯 살 난 여자 아이였다. 2011년 해외 어린이 수술 1,000례 돌파 기념 때 첫 수술을 받은 어린이를 수소문해보니 결혼하여 인천에서 살고 있었다. 기념식에 엄마가 된 강 모씨를 초대했다. 1호 수술환자 강 모씨와 1,001번째 해외 심장병 환자와 기념촬영을 할 때 직원들의 눈이 감동으로 촉촉해졌다. 입술이 파랗던 아이가 어엿한 엄마가 된 모습에 큰 보람을 느꼈다.

수술을 마치고 본국으로 돌아간 해외어린이 가운데 감사편지를 보내오는 경우가 꽤 많다. 술이나 독특한 악기 같은 걸 선물로 동봉하기도 한다. 입술이 새파랗던 아이들이 건강하게 돌아가서 편지와 선물을 보내올 때 그 기쁨은 말로 다 할 수 없다.

1997년 중국동포 아이 20명을 동시에 데리고 왔을 때의 일이 가장 기억에 남는다. 연변에서는 서울로 오는 직항편이 없어 선양으로 밤기차를 타고 이동하기로 했다. 당시 여러 여건상 부모들이 함께 올 수가 없었기 때문에 연변역은 아이들과 인사를 하기 위해 나온 부모와 친척들로 인산인해를 이루었다. 부모들은 "얘들아, 꼭 살아 돌아와야 해"라고 외쳐 울음바다가 되었다. 마지막 작별 인사를 하듯 사람들이 차창에 매달려 울 때 나도 울컥 눈물이 나왔다. 수술을 무사히 마친 아이들은 나중에 모두 부모 품으로 건강하게 돌아갔다.

1986년에 300여 명의 어린이를 초청하여 체육대회 열었던 걸 생각하면 가슴이 벅차오른다. 세종병원에서 선천성 심장병을 수술 받고 완치된 아이들이 하얀 운동복 차림으로 서서 애국가를 부를 때 내 얼굴은 웃는데 눈에서는 눈물이 흘렀다. 아이들이 운동장을 힘차게 달리면서 만세를 부를 때 내가 정말 의사가 되길 잘했다는 생각이 들었다.

함께 수술하고 돌봐준 세종병원 직원들에게 늘 고마운 마음을 갖고 있다. 직원들 모두 어린 생명 살리는 일을 보람 있게 생각했다. 입술이 퍼렇던 아이들이 수술 받고 나면 얼굴이 뽀얗게 변하면서 화색이 돌아온다. 입술이 발그스름해진 예쁜 아이들을 보면 우리 직원들이 부모들 못지않게 좋아했다. 외국 어린이들이 힘없이 왔다가 수술 받고 펄펄 살아나면 직원들이 더 신이 났다. 직원들이 좋아하는 모습을 보면서 더 열심히 해야겠다는 생각을 하곤 했다.

완벽한 준비를 하여 심장종합병원으로 출발했기에 많은 환자를 치료할 수 있었다. 특히 해외 어린이들을 살린 것은 나의 인생에 있어서 매우 뜻깊은 일이다. 심장병 수술과 관련한 기사가 많이 보도되었는데 기자들이 항상 묻는 질문은 “왜 어린이들을 무료 수술을 해주느냐”하는 것이었다. 내 대답은 명료했다.

“나는 특별한 사람이 아니다. 누구든지 내 입장이 되면 똑같이 행동했을 것이다. 돈만 있으면 생명을 살릴 수 있는데, 모른 체하고 외면할 수는 없는 일이다. 사랑을 베풀 수 있다는 것만으로도 감사한다. 사랑은 되돌아오는 법이니 결국 다 나를 위한 일이다. 그러니 늘 신났다. 하루에 서너 번 수술을 해도 힘든 줄 몰랐다.”

아이들을 살리는 일이 보람 있고 기뻐서 많은 사람이 동참하길 원했다. 우리 병원에 약이나 의료기기를 팔러 오는 이들에게도 "내가 물건을 사줄 테니 당신도 수익금 일부를 수술비로 기부하라"고 권하곤 했다. 실제로 내 제안으로 심장병 어린이를 돕고 보람을 느낀 이들이 많다. 함께 일한 모든 분들께 감사드린다.

고기 잡는 법을 가르치다

해외 심장병 어린이 무료수술사업은 많은 나라의 관심을 받았다. 사업이 안정되고 점점 활성화 되었으나, 무언가 부족한 느낌을 지울 수 없었다. 몇몇 독지가와 재단이 열심히 후원했지만 세계 심장병 어린이를 다 구할 수는 없는 일이었다. 아이젠멩거증후군으로 고통 받고 죽어가는 세계의 어린이를 모두 구하려면 어떻게 해야 할까. 그 생각이 머리에서 떠나지 않았다.

해외 어린이를 데려오려면 한국으로 오는 절차가 복잡하고 가족들의 항공비와 체류비 등 비용이 추가로 발생한다. 국내 어린이보다 훨씬 많은 비용을 감수하고 아이들을 살려도, 근본적인 해결책이 되지 못한다. 그 나라의 의료 기술 발전에는 이바지하지 못하기 때문이다.

내가 흉부외과의 불모지였던 한국에서 심장전문병원을 설립하고, 많은 어린이들의 생명을 찾아주게 된 것은 독일과 미국의 시스템을 배워온 덕분이다. 이로 인해 국내 의료기술 발전에 보탬이 될 수 있었다. '고기를 잡아주는 것'보다 '고기 잡는 법을 가르쳐 주는 것'이 근본적인 해결책이다.

'해외 의료진을 교육시켜 자국에서 치료하게 하는 자생적인 시스템을

만들어 주자!'

그런 결론을 내렸지만 해외 의료진을 교육하는 것은 그 나라의 환자를 데려와 수술하는 것보다 더 어려운 일이었다. 수술기법과 수술 후 관리, 투약 등을 전수하기 위해서는 원활한 의사소통이 필수였다. 국내외 의료진이 영어에 익숙하지 않은 것이 이 프로젝트의 가장 큰 걸림돌이었다.

다행히 이를 해결할 방법을 찾았다. 중국의 연변의학원에 우리말을 수월하게 할 수 있는 의료진이 있었다. 그래서 그들과 함께 연변의학원 흉부외과의 발전 방법을 모색했다. '연변의학원 흉부외과에서의 심장수술 성공'이라는 목표를 세우고 국내 의료진 교육 사업을 진행했다. 나는 이 사업을 '고기잡이 프로젝트'라고 명명했다.

우선 1년에 20명의 연변의학원 의사, 간호사 및 의료 기사들을 3개월간 합숙 훈련을 시키기로 했다. 교육 기간에 국내 의료진들이 교육받은 연변의학원 의료진들과 함께 수술을 진행하며 수술법을 가르쳤다. 이 프로젝트를 수행하면서 1년에 20명의 연변 어린이가 수술 받았다.

3년간 프로젝트를 추진한 결과 연변의학원은 중국 내 아이젠멩거증후군 예방에 큰 역할을 하게 되었다. 이러한 인연으로 연변의학원 80년 역사상 처음으로 나는 연변의학원의 명예원장과 명예교수가 되었다.

사회봉사에 나서다

1990년대 초 한국어린이보호재단 이사장으로 일하던 뽀빠이 이상용 씨가 한국을 방문한 아일랜드 출신의 '1988 미스월드'와 함께 세종병원을 찾아왔다. 이상용 씨는 입원 중이던 100여 명의 환자들을 직접 만나서 위로

해주었고 어린이들에게 선물을 나눠주었다. 이날 만남을 계기로 나는 한국어린이보호재단 이사로 활동하게 되었다.

그렇게 몇 년간 함께 일하던 어느 날 이상용 씨가 나에게 이사장직을 맡아달라고 부탁했다. 사양하는 나에게 "선생님이 적임자입니다. 꼭 맡아주십시오"라고 간곡하게 부탁했다. 1997년 2월, 한국어린이보호재단 이사회의 결정에 따라 나는 이사장이 되었다.

심장병 어린이 돕는 일을 오래해 왔지만 병원 밖에서 사회활동을 시작한 것은 이때가 처음이다. 나는 의지를 가다듬고 첫 업무를 시작했다. 그러나 시작하자마자 IMF가 터지면서 후원자가 절반 이하로 줄어들었다. 이를 극복하기 위해 발 벗고 뛰어야 했다.

자선기금 모금행사를 하고 매달 1,000원에서 3,000원을 후원받는 '물방울운동'으로 기금을 쌓아나갔다. 작은 물방울이 바위를 뚫을 수 있다는 의미에서 물방울운동이라고 이름 짓고 열심히 달렸다. 돈의 액수보다 참여의식이 더 중요했다. 기부자들이 출연해준 물품들을 경매하여 재정을 보강했다. 돈을 모으려면 시민들이 참여할 수 있는 계기와 기부문화 확산이 필요했다. 그래서 다양한 행사를 마련해 참여의 폭을 넓히기 위해 애썼다.

어린이날에 7,000명 규모의 거북이 마라톤 대회를 개최했다. 100개 교회와 100대 기업, 100대 사회단체가 참가하는 1:1 결연을 통한 '한 생명 살리기 캠페인'도 실시했다. 이후 '어린이가 행복한 나라, 디지털 새 생명 하우스'를 오픈하여 대학생 봉사단과 일반 시민의 참여를 적극 권장했다. 어려운 상황에서도 저축하고 봉사하고 기부하는 운동을 확산해 나갔다.

어느 정도 기금이 조성된 후 해외어린이 돕기에도 나섰다. 가장 먼저 '중국 조선족 심장병어린이 무료검진' 사업부터 시작했다. 세종병원 소아 심장팀은 자매결연을 맺은 연변의학원 부속의과대학을 방문했다. 그곳에서 심장병으로 고통 받는 아이들의 현황을 살피고, 조선족 가정을 직접 방문하여 실태를 파악했다.

고기잡이 프로젝트로 심장수술에 대한 기초적 의술을 전수 하였으나, 의료 환경이 열악하고 장비가 미흡하여 수술이 지지부진했다. 오랜 기다림과 경제적 어려움으로 치료 한번 받지 못하고 소중한 생명을 잃는 아이들이 많았다.

가격이 좀 비쌌지만 해외 어린이를 돕기 위해 최신형 휴대용 초음파 기기를 구입했다. 그 기기로 해외 출장 때마다 많은 어린이들을 진단하고 치료했다. '중국 조선족 심장병 어린이 무료검진' 사업을 통해 수술이 시급한 환자나 경제적 어려움으로 치료를 받지 못하는 어린이는 한국으로 초청했다. 그런 활동으로 무료 심장수술을 진행하여 새 생명을 선물했다.

언론에서는 '할아버지 나라의 초대'라는 제목으로 조선족 동포들을 위한 '사랑의 의술'을 대서특필했다. 방송에서도 앞 다투어 소개했다. 덕분에 많은 단체가 중국 조선족뿐만 아니라 해외 심장병 어린이 무료진료수술 지원사업에 적극 나섰다.

특히 세종병원과 여의도순복음교회, 한국어린이보호재단이 공동으로 중국, 러시아, 몽골, 베트남, 내몽고에 대한 여러 지원사업에 나섰다. 심장병 어린이 무료검진과 초청수술이 진행되었으며, 적절한 의료체계가 없었던 현지 의료진을 초청하여 장기간 의료연수를 진행했다. 또한 현지를 방문하여 의료진에게 심장 초음파, 중환자 관리, 마취, 심장수술 등 단계적인 교육을 시행했다. 아울러 한국에서 수술 받은 해외 어린이들의 사후 관리와 검사 및 처치, 복용약 등의 지원을 아끼지 않았다. 우리의 후원은 동남아 여러 나라 국가들의 의료 발전에 크게 기여하는 결과를 낳았다. 어린이들도 치료해주고 그 나라 의학발전에도 영향을 미친 것은 지금 생각해도 참 보람 있는 일이다. 나에게 그런 기회를 주신 하나님께 감사드린다.

1989년부터 시작한 해외 심장병어린이 초청 수술은 2017년까지 1,458명에 이르렀고 수술성공률은 99.6%에 달한다.

나는 우리나라를 방문해 수술 받은 아이들의 얼굴을 지금도 선명히 기억하고 있다. 수술을 마치고 한국통신의 지원을 받아 중국에 있는 부모님과 영상 통화하던 어린아이들의 환한 모습을 잊을 수가 없다. "엄마 나 다 나았어"라고 말할 때 아이와 엄마가 함께 눈물을 흘리면 우리도 같이 울었다.

얼마 후 연변을 다시 방문했을 때 우리 병원에서 치료받은 아이들이 부모와 함께 '감사합니다'라고 쓴 플래카드를 들고 기차역에 나와 있었다. 눈물을 글썽이며 열렬히 환영해준 아이들이 사랑스럽고 귀하기 그지없었다. '해외 의료지원 사업의 메카 부천세종병원'은 아시아권 여러 나라에서 우리 병원에 붙여준 이름이다.

한국어린이보호재단과 세이브더칠드런은 법인 이념이나 목적하는 바가 같고, 사업방향 등도 비슷했다. 한국어린이보호재단은 1979년 설립 이후

중국 조선족어린이 화상전화. 1998. 10.

25년간 선천성 심장병 어린이 수술과 아동학대 예방사업 등을 실시한 국내 최대 규모의 아동전문기관이었다. 세이브더칠드런은 영국에서 1919년에 발족한 국제 NGO로 1953년 우리나라에서 전쟁고아와 미망인을 위한 사업을 시작했다. 이후 1970년대 지역사회 개발사업과 2000년대 아동권리 사업 등 아동권리 증진사업을 활발히 펼쳤다.

1999년 7월에 합병논의가 시작되어 5년 후인 2004년 6월 15일 두 단체가 하나로 다시 태어났다. 두 재단이 합병하여 새로운 사회 복지법인 '세이브더칠드런 코리아Save the Children Korea'가 출범했다. 그 후 자체 건물도 짓고 후원자도 많아졌다. '일이 즐거우면 인생은 낙원이다.' 나는 이 문장을 되새기며 또 한번의 보람을 느꼈다.

세종병원과 세이브더칠드런 운영으로 눈코 뜰 새 없이 바쁜 어느 날 검찰청 부천 지청장으로부터 연락이 왔다. 지자체마다 범죄예방위원회가 있는데 나에게 그 단체를 맡아달라고 했다. 나는 일이 너무 많아 도저히 안 될 것 같다며 정중히 거절하고 돌아왔다. 하지만 봉사단체이니 다시 한 번 생각해보라고 또 간곡히 부탁했다. 더 이상 거절하기 힘들어 생각해보겠다고 했다. 내가 좀더 열심을 내면 될 것 같아 맡기로 결심했다.

법무부 산하 부천지청 범죄예방위원회 회장으로 취임하던 날 위원이 300명이라는 말에 적이 놀랐다. 생각보다 훨씬 큰 단체여서 책임감이 막중했다.

'범죄예방'이란 단어가 그리 낯설지 않았다. 관리를 잘하면 건강을 지킬 수 있듯이 범죄도 미리 예방하는 게 중요하다고 생각했다. '예방이 치료보다 낫다'는 말은 명언이다. 범죄예방을 위한 청소년 대상 강의, 범죄청소년과 1:1 만남을 통한 선도와 장학사업, 선도 사례발표를 통한 봉사자들의 교육 등 여러 가지 일을 진행했다.

각 위원의 임무와 실적들을 살펴보니 일부는 봉사실적이 미흡했다. 그래서 모든 것을 제도화하기로 했다. 우선 연간계획과 행사표를 작성하여 제출하도록 했다. 일을 계획적으로 처리하니 시간이 지나면서 좋은 효과가 나타났다. 2년 임기의 범죄예방위원회 회장직을 네 번이나 연임했다. 1998년 1월부터 2005년 12월까지 무려 8년을 봉사하면서 많은 보람을 느꼈다.

법원의 가사조정 위원으로 위촉되어 상식적으로 이해하기 어려운 송사 문제로 고통 받는 분들을 만났다. 그들을 설득하고, 조정해 주면서 서로 간에 웃는 얼굴로 손잡을 수 있도록 도와주었다. 해결되고 난 뒤 밝게 웃던 그들의 모습이 오래도록 기억에 남았다.

세종병원 운영하기도 바빴지만 여러 단체에서 봉사활동을 했다. 바쁜 시간을 쪼개 봉사해서 더 보람 있고 더 의미 있었다. 모든 일에는 때가 있다. 사회가 부를 때, 누군가가 도움을 필요로 할 때 달려 나가야 한다는 것이 나의 생각이다.

8부

명문 병원의 길을 걷다

명문 병원의 길을 걷다

전문병원 시대의 개막

나는 세종병원이 규모가 큰 병원이 아닌 명문병원이 되길 원했다. 내가 생각하는 명문병원의 조건은 이러하다.

첫째 기초의학에 근거를 두고 발전하는 병원.

둘째 새로운 임상기술의 도입과 개발을 통해 차별화된 전문성을 확보하는 병원.

셋째 교육을 통해 경험과 기술을 나누는 병원.

넷째 미래의 인재 육성에 이바지하는 병원.

명문병원으로 가기 위해 개원 초부터 부단한 노력을 해왔다. 기초의학에 근거를 두고 발전해나가기 위해 연구에 연구를 거듭했다. 연구하는 과정에서 의사들이 논문을 많이 썼고, 이 논문을 싣기 위한 세종의학지를 발간했다. 또한 인공심장을 개발하는 등 연구를 이어갔다. 새로운 임상기술의 도입과 개발을 통해 차별화된 전문성을 확보했고, 동종판막이식과 심장이식도 시행했다.

교육을 통해 경험과 기술을 나누는 병원을 실현하기 위해 쓰리데이 세미나(3-Day Seminar)를 개최했다. 국내외 의사들에게 그간 우리가 쌓은 것을 모두 공개하기 위해서였다. 연변의학원 의료진 교육을 시행했고 러시아 하바롭스크 제 10병원과 우즈베키스탄 바히도프 병원과의 자매결연도 맺었다.

미래의 인재 육성에 이바지하는 병원을 지향하기 위해 나의 호 우촌佑村을 딴 학술상을 제정했고, 우수논문 발표자에게 해마다 상금을 수여했다. 2년마다 열리는 아시아태평양 소아심장학회에 '세종상'을 제정하여 우수한 젊은 의학도에게 상금 1만 달러를 수여했다. 서울대학교 의과대학과 고려대학교 의과대학에 매년 발전기금을 기부하여 미래인재 육성에 이바지 하였다. 미국 필라델피아의 드렉셀 대학Drexel University과 자매결연을 맺어서 매년 우리병원 의사들이 연수 받을 수 있도록 했다.

세종의학지 발간과 관련하여 추억이 많다. 병원에서 정기간행물을 발간한다는 건 사실 쉬운 일이 아니다. 기초의학 발전을 위해 꼭 필요한 일이어서 과감히 출간을 결정했다. 기초의학이 발전하려면 연구가 필수적이고 연구를 많이 하면 논문이 쏟아져 나온다. 고민은 출발한지 얼마 안 된 신생병원의 논문을 실어줄 의학지가 마땅치 않았다는 데 있었다. 그래서 세종병원 의사들의 논문을 싣기 위해 우리가 직접 의학지를 발간하기로 했다. 모두들 의욕적으로 연구를 하고 논문 쓰는 모습을 보면서 어렵지만 실행한 것이다.

학문의 아버지 일천 이영균 교수님의 기념사업으로 시작한 세종의학연구소에서 1984년에 〈세종의학지〉를 창간하여 2000년까지 발행했다. 연2회씩 발행하여 17년간 34호를 출간했다. 〈세종의학지〉의 발간으로 갈증이 해소되어 함께 기쁨을 나눴다. 연구를 하면 얼마든지 실을 데가 있어 더욱 연구에 몰두 할 수 있었다.

지면의 3분의 2는 세종병원 의사들의 논문을 싣고, 3분의 1은 외부 기고를 받았다. 〈세종의학지〉를 발간하면 국립도서관을 비롯하여 여러 의학 관련단체에 배부했다. 유명 잡지가 아니니 평가는 높지 않았지만 굴하지 않고 꾸준히 이어갔다.

세종병원 위상이 높아지자 점차 논문을 요청하는 의학잡지사들이 늘어났다. 심장학회지를 비롯하여 논문을 실을 데가 많이 생겼다. 세종병원 의사들의 논문이 우수하여 심사 통과가 어렵지 않았다. 우리 의사들의 논문 인기가 높아지면서 더 이상 잡지를 만들 필요가 없이져 종간한 것이다.

대부분의 대학병원은 의학지를 발간하지만 일반병원에서 의학지를 내는 경우는 거의 없다. 17년간 연구 결과물을 담은 의학지를 발간한 것에 보람을 느낀다. 기초의학에 근거를 두고 정석을 밟는 세종병원으로서는 꼭 필요한 잡지였다.

세종병원은 1986년에 이미 보건복지부로부터 '심장병 특수진료기관'으로 지정받았다. 세종병원의 전문성을 인정하여 정부에서 자발적으로 내려준 타이틀이었다. 지금도 대한민국에 심장전문병원은 세종병원 단 한 곳뿐이다. 1982년 개원 이후 오로지 심장병 정복의 일념으로 노력해 온 성과이다. 세종병원은 대한민국 전문병원 시대 개막에 한몫 했다고 감히 자평

해 본다. 앞으로도 심장병 없는 세상을 위해 계속 노력할 예정이다.

세계 유일의 부검 책자 발간

의사들에게 가장 큰 아픔은 자신이 치료하던 환자가 완쾌하지 못하고 죽음에 이르는 일이다. 환자의 병이 너무 깊거나, 치료시기를 놓쳤거나, 의학 발전이 이뤄지지 않았을 때 불행한 일이 일어난다. 혹은 미처 치료법이 개발되지 못한 상황에서 새로운 유형의 환자가 발생하면 사망할 수도 있다. 치료법을 개발하려면 원인을 정확히 알아야 한다. 정확한 원인을 위해서는 부검이 꼭 필요하지만 결코 쉬운 일이 아니다.

똑같은 일이 다시 발생하지 않으려면 심장부검을 통해 원인을 알아내야 한다. 그래서 수술하다 사망한 환자 보호자의 동의를 얻어 1985년부터 부검을 시작했고, 사망한 어린이의 부모들은 대부분 심장을 기증해주었다. 안타깝게 생명을 잃은 심장병어린이 167명의 시신을 부검하여 국제질병분류표에 나와 있는 '심장 및 대혈관기형' 68가지 중 3개를 제외한 65가지의 심장기형을 갖추게 되었다. 심장병 치료를 위한 세종병원 의료진들의 노력과 대단한 열정은 지금 생각해도 놀라울 따름이다.

심장을 얻는 과정이 상당히 힘들었다. 대체로 내가 환자 보호자들을 직접 만나 부탁하여 구한 심장들이다. 심장 수술을 하다가 환자가 사망했을 때 보호자에게 기증을 부탁하기란 쉬운 일이 아니다. 하지만 똑같은 실수를 하지 않기 위해, 병의 원인을 찾기 위해 심장이 꼭 필요하다는 사실을 환자 보호자에게 말씀드렸다.

보호자를 원장실로 모셔서 어렵게 부탁을 했을 때 화를 내면서 내 뺨을 때린 분도 있었다. 그 심정을 어찌 이해하지 못하겠는가. 하지만 심장병 수술의 발전을 위해 나는 기꺼이 뺨을 맞았다. 눈물을 흘리며 분노하는 보호자께 간곡히 말씀드렸다.

"다시는 아드님같이 아프게 떠나는 일이 없도록 하기 위해 힘든 부탁을 드리는 겁니다."

내 얘기에 화를 내고 나갔다가 한참 후 돌아와 울면서 기증하겠다고 말하는 분과 붙들고 운적도 있다. 이틀 후 연락을 해온 보호자께서 "꼭 우리 아이가 좋은 역할을 했으면 좋겠다"고 말해 가슴 뭉클했던 적도 있다. 우리가 마련한 비용으로 수술을 시작했다가 세상을 떠난 아이도 있다. 그때 보호자가 "내 자녀가 의미 있는 일을 할 수 있길 바란다"고 말해 함께 울기도 했다. 가장 슬픈 순간에 숭고한 결정을 내린 분들 앞에서 전율이 오도록 감동한 적이 많다.

1980년대 초만 해도 아이가 세상을 떠나면 따로 빈소를 마련하지 않았다. 그저 가족들끼리 모여 조용히 장례를 치렀다. 아이 무덤을 만드는 일도 별로 없을 때였다. 그럴 때 심장 기증을 부탁한 뒤 우리가 장례를 잘 치러주었다. 1990년이 되면서 아이들도 빈소를 차리고 장례를 치르기 시작했다. 1980년대 초부터 중반까지 세종병원에 심장을 기증해주신 분들이 계셨고, 그 고귀한 결정으로 연구가 계속되어 이후 비슷한 증세의 환자들을 살릴 수 있었다. 심장을 기증해주신 분들께 지면을 통해 깊은 감사의 말씀을 전한다.

심장을 기증해주신 유가족들에게 보답하는 길은 꾸준한 연구를 통해 더 나은 의술을 개발하는 것이었다. 또한 세종병원만 알고 있을 게 아니라 전 세계에 전파해 귀중한 뜻을 살려야겠다고 생각해 책을 만들기로 했다.

많은 심장 가운데 각자 다른 유형인 65예를 골라 1992년에 〈CONGENITAL HEART DISEASE-Clinicopathologic Correlation, 선천성 심질환-임상 및 병리와의 상관관계〉 라는 영문 책자를 발간했다. 환자 상태, 심장사진, 토의내용 등을 기록했는데 토의내용은 한글로도 기록했다.

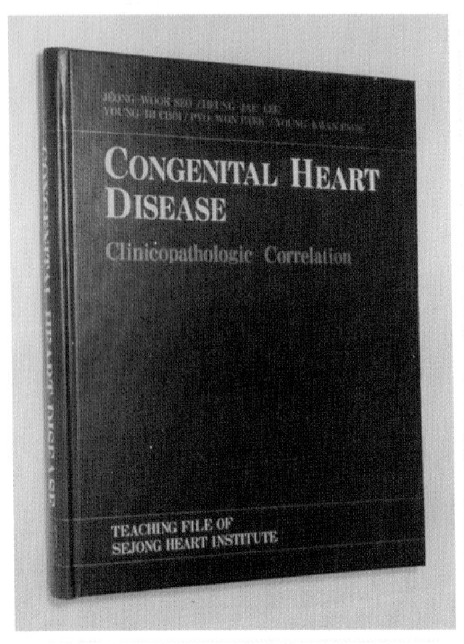

선천성심장병 부검례를 정리하여 책으로 냈다. 1993년 6월 7일.

대동맥 단절증, 대동맥 축착증, 대동맥 협착증, 대혈관 전위(수정형, 완전형) 방실 중격 결손, 심실 중격 결손, 양대혈관 우심기시, 좌심실 유출로 협착 등 선천성 심장병 사례가 모두 들어가 있는, 세계 어디에도 없는 그야말로 유일무이한 책이다.

세종병원의 소아과, 심장외과, 마취과, 방사선과, 해부병리과 의사들이 모여 회의를 거듭해 수백 장의 사진 가운데 책에 들어갈 사진을 골랐다. 지지부진하고 어려운 작업이었지만 인내를 갖고 열심을 다했다. 나와 함께 책을 집필한 서정욱(서울대 교수, 세종심장병연구소 자문의), 박표원(세종병원 흉부외과장), 이흥재(세종병원 소아과장) 최영희(세종병원 방사선과장) 선생에게 감사한다. 괄호 안은 책을 낼 당시인 1992년 10월의 직책이다.

온갖 고생을 하며 심혈을 기울여 원고를 완성했고 여문각에서 2년여에 걸친 고생 끝에 책을 발간했다. 귀한 책이지만 사실상 필요한 사람은 극소수였다. 심장병 수술 관련 의사들 외에는 이 책의 구매자가 없었지만 의학 발전을 위해 여문각이 기꺼이 책을 만들었다. 판형도 크고 심장 사진이 컬러로 들어가 가격이 비쌌다. 책이 나왔을 때 내가 많이 구입하여 국립도서관과 의학도서관에 기증했다. 외국 출장 갈 때 책을 가져갔더니 외국 의사들이 깜짝 놀라며 좋은 책을 만들었다고 극찬하였다.

유시준 선생과 최형희 선생이 공저로 낸 또 다른 영문책의 제목은 〈Angiocardiograms in Congenital Heart Disease, Teaching File of Sejong Heart Institute〉이다. 세종병원에서 시행한 심혈관 촬영 중 교육적 가치가 있는 사진을 골라 만든 서적이다. 이 책은 1989년 고려의학사에서 출판하였는데 후에 oxford university press에서 판권을 사갈 정도로 귀하고 인기있는 책이다.

당시 기증받은 심장은 서울대 해부병리학과 서정욱 교수가 보관하고 있다. 서 교수는 1982년 세종병원에 부임하여 2년여 동안 일하다가 서울대학교로 옮겨 갔다. 서울대로 가서도 세종병원이 심장 수술을 할 때 관여하였고, 지금까지 교류가 이어지고 있다.

책을 만들 때까지 심장을 우리 병원에서 보관했으나 이후 서정욱 교수 연구실로 보낸 이유는 두 가지이다. 해부병리학 전공자가 갖고 있는 게 마땅하고, 서울대학교 의과대학 학생들이 공부하는데 도움을 주기 위함이다. 더 가치 있게 활용할 수 있는 사람이 보관하는 게 좋겠다는 결정에 따른 것이다.

2013년 6월 우촌심뇌혈관연구재단을 설립하여 심장과 뇌혈관에 관한 연구, 세계 유명 저자들이 쓴 책을 번역하는 사업 등을 하고 있다. 초대이사장 노영무 교수에 이어 2016년부터 서정욱 교수가 이사장직을 맡고 있다. 세종병원의 모든 자료를 전산화하여 쉽게 찾아볼 수 있도록 하는 사업도 병행하고 있다.

인공심장 개발의 열기

세종병원의 높은 연구 열정을 단적으로 증명하는 일은 '인공심장'의 개발이다. 인공심장 프로젝트를 시행하기로 결정하고 1986년에 신속하게 연구팀을 구성했다. 이영균 박사님을 중심으로 심장수술분야에서 무섭게 실력을 키워온 여러 의사들이 참여하였고 의료기기는 권혁남 씨가 맡아 진행했다.

일본 유학을 다녀온 의공학기술자 권혁남 씨가 세종가족이 되어 인공심장 연구에 더욱 박차를 가하게 되었다. 권혁남 씨는 일본 유학 중에 만난 기술자 유아사 소장을 초빙하자고 제안했다. 유아사 소장은 순수 폴리우레탄을 이용한 의료 재료 제작의 권위자였다. 권혁남 씨의 권유에 따라 유아사 소장을 일 년에 4차례 초빙했다. 한번 초빙할 때마다 일주일씩 머물면서 인공심장연구소에서 권혁남 씨와 함께 연구를 했다. 내가 할 수 있는 한 지원을 아끼지 않았다. 그 결과 순수 폴리우레탄이라는 재료로 만든 공기구동형 인공심장 개발에 성공했다. 당시 인공심장은 전기 배터리로 움직이는 것과 등에 지고 다니는 공기구동형이 있었다.

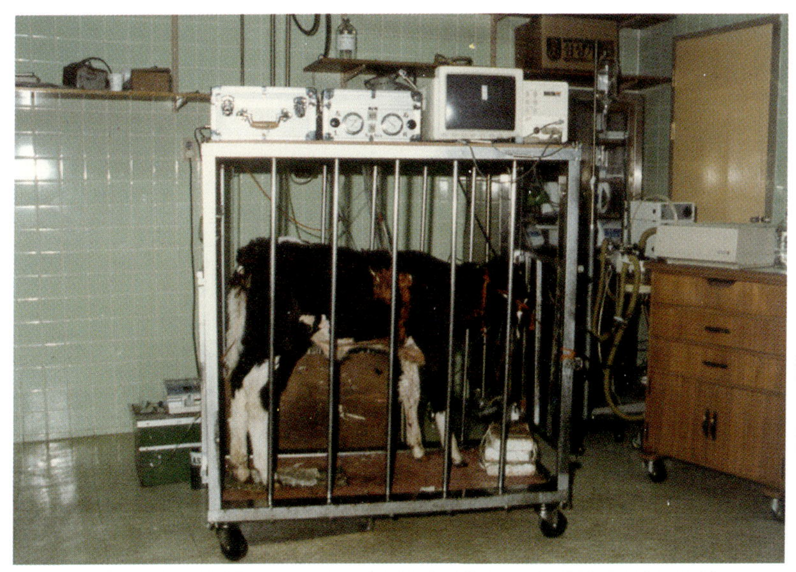

송아지에게 인공심장을 이식하는 의학 실험. 1987년 10월.

동물이식실험을 위한 준비가 모두 갖춰진 것이다. 많은 어려움과 수차례 실패가 있었지만 결국 우리는 해냈다. 1987년 10월 흉부외과 박표원 박사의 집도 아래 송아지에 인공심장을 이식하는 실험에 성공했다. 이식수술을 받은 후 얼마 안 되어 송아지가 깨어나더니 자리에서 일어섰다. 그때부터 송아지는 의료진의 각별한 관리를 받는 귀한 존재가 되었다. 팀원들은 교대근무를 하며 송아지 상태를 점검하는데 온 힘을 기울였다.

모든 팀원의 정성 속에서 송아지는 공압식 인공심장 이식 후 46일간 생존했다. 프로젝트팀은 인공심장 동물이식수술 성공 후 임상에 좀 더 가깝고 활용 가능한 토마스형 보조인공심장 VAD의 동물실험을 계속해 나갔다. 그와 함께 소아용 보조인공심장 개발이라는 또 하나의 프로젝트를 시작했다.

신생아부터 소아에 이르는 환아들이 많이 증가하고 있었는데, 이들에게 적용 가능한 10cc 크기의 소형 보조인공심장이 필요했기 때문이다. 당시에 개발되지 않았던 보조인공심장을 만들기 위해 설계와 모형제작, 금형 제작 등 하나부터 열까지 일일이 수소문하고 발품을 팔아야 했다. 한 달 넘게 시간을 투자하여 만든 금형에 문제가 발견되어 다시 수정하고 제작하기를 수차례 반복했다. 소아용 보조인공심장이 완성되기까지 지루하고 험난한 과정의 연속이었다.

각고의 노력 끝에 1990년 3월 세종 보조인공심장Sejong Ventricular Assist Device, 이름하여 SJV프로젝트의 결과물인 SJV-001을 완성했다. 수차례 제품의 성능개량을 하면서 몇 달간 장기 시험을 했다. 그런 가운데서도 처음과 같은 성능이 유지되는 보조인공심장 SJV를 만들어 냈다. 완성된 SJV를 객관적으로 인정받기 위해 6개월간 데이터를 수집하고 정리하여 분석했다.

이 내용은 1992년 일본에서 열린 세계인공심장학회에 발표 및 등재되었고, 대한의용생체공학회에 이 논문이 실려 의료계의 큰 주목을 받았다. 땀과 열정을 쏟아 부은 구성원들의 노력이 고스란히 녹아들어 세종병원이 발전을 거듭했다.

인공심장을 실제 환자에게 활용한 건 아니지만 우리가 기초의학 발전에 매진하면서 인공심장을 만들었다는 것에 자부심을 느낀다. 인공심장 연구를 하면서 세종병원의 심장의학 기술이 한층 발전했다. 현재 소아과 옆에 예전에 만든 인공심장 만든 표본이 전시되어 있다. 개발을 계속 이어가지 못했으나 열정을 갖고 열심히 노력했다는 사실을 역사적으로 증명하고 있는 것이다. 세종이 그만큼 열심히 달렸다는 증거가 거기 담겨있다.

초창기에 왜 그렇게 열심히 했을까? 구성원 모두 의욕이 충만하고 잘 해보자는 열기가 뜨거웠기 때문이다. 병원을 설립한 내가 앞에서 강력하게 이끌며 연구하는 분위기를 조성하자 모두들 열심히 했다. 대학병원이 아닌 개인병원에서 인공심장을 연구한다는 건 상상하기 힘든 일이다. 하지만 우리는 심장에 관해서는 세종이 최고라는 자부심으로 열심히 달렸다. 열정적으로 투자한 시간이 있었기에 세종병원이 발전한 건 말할 나위가 없는 일이다. 함께 뛰어준 동료 의사와 직원들에게 늘 감사하는 마음이다.

재미있는 일화도 있었다. 인공심장이 움직이려면 동력이 필요하다. 사람이 움직일 때 생기는 전기를 모아서 동력으로 사용하면 되지 않을까 하는 생각이 들었다. 몸 안에서 쉬지 않고 움직이는 것은 호흡 근육이다. 흉곽을 구성하는 늑골과 늑골 사이의 늑간 근육에서 생기는 미세한 전기를 모아 인공심장을 움직이면 되겠다는 아이디어가 떠올랐다. 아이들이 설을 때마다 신발이 반짝이는 걸 볼 때도 그런 생각이 든 적 있다. 배터리를 비롯한 전기장치를 넣었겠지만 땅을 디딜 때 생기는 동력도 동시에 이용하는 것이다. 그것과 비슷하게 인공심장도 몸 안의 동력으로 움직일 수 있으면 공기 구동장치를 등에 지고 다니지 않아도 되지 않을까, 하는 게 나의 생각이었다.

이영균 교수님께 내 생각을 말씀드렸더니 "좋은 아이디어야. 우리나라 뉴스에 몸에서 생기는 미세한 전기를 모아 전구에 불을 켠 사람이 나온 적 있어"라고 하셨다. 수소문 끝에 그 사람을 찾았다. 얘기를 나눠보고 그 사람을 면밀히 살펴봤지만 특별한 점을 발견하지 못했다.

대체 배터리를 만드는 건 범국가 차원에서 해야 할 사안이라는 생각이 들어 그쯤에서 포기했다. 하지만 언젠가 체내에서 생기는 전기를 가지고 심장을 구동하는 날이 올 거라고 생각한다.

나는 아직도 꿈을 꾸고 있다. 국가가 하든 개인이 하든 구체화하려는 움직임이 보이면 작은 힘이나마 보태고 싶다.

장거리수송 심장이식수술 최초 시도

다른 사람의 심장을 이식받으려면 조직이 맞는지 판단하는 조직적합 판정을 먼저 해야 한다. 기증자와 수혜자의 조직이 적합하다는 판정이 나와야 수술에 들어갈 수 있다. 뇌사상태에 있는 환자의 살아있는 심장을 기증받아 이식하는 수술이므로 심장조직이 괴사하기 전, 빠른 시간 안에 수술을 끝내는 것이 중요하다. 가능하면 기증자와 수혜자가 같은 병원에서 동시에 수술 받기를 권장한다. 그러나 기증자와 이식수술 환자가 각기 다른 병원에 있는 경우가 많다. 기증자를 이송해서 수술할 수 있으면 다행이지만 그렇지 못할 경우 이식수술을 하지 못한다고 생각했다.

1994년 미국에서 심장이식 공부를 하고 온 박국양 선생을 심장팀에 영입하여 장거리 수송 심장이식 수술을 시도했다. 촌각을 다투는 일이어서 시간이 조금만 지체되어도 바로 사망에 이르는 매우 모험적인 시도였다. 이송시간을 줄이기 위해 한국항공의 지원을 받아 헬기로 심장을 수송했다.

기증자가 부산에 있었기에 심장을 떼어내 냉장상태로 헬기에 싣고 세종병원 바로 옆에 있는 서울신학대학교 운동장까지 운반했다. 신속하게 이식수술을 해서 환자가 깨어났을 때 그 기쁨은 말로 표현할 수 없다.

장거리 수송 심장이식 수술은 세종병원이 국내에서 처음 시도했다. 사람을 살리기 위해서라면 1%의 가능성에도 도전한다는 정신에서 비롯된 결정이었다. 유수의 대학병원에서도 시도하지 못한 것을 세종병원이 처음 해내자 각 신문과 방송에서 다투어 보도했다. 우리나라 흉부외과 역사에 한 획을 그은 의미 있는 시도였다.

심장이식은 수술 성공으로 끝나는 게 아니다. 수술 이후 관리가 더욱 중요하다. 이식수술은 조직이 적합하더라도 거부반응이 일어나는 것을 줄이기 위해 면역억제제를 오랫동안 복용해야한다. 문제는 가격이었다. 지금은 의료보험 혜택으로 크게 부담이 되지 않지만, 당시는 의료보험이 적용

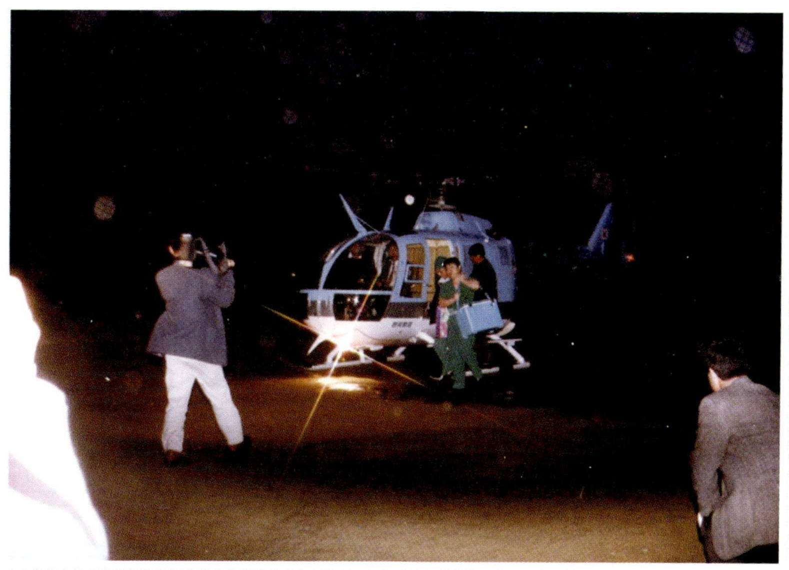

국내 최초 장거리 헬기심장이송 이식 실시

되지 않아 경제적인 부담이 매우 컸다. 조직적합 판정을 위한 투자라든가, 국가인정기준이 복잡해지면서 이식수술을 포기하는 경우가 적지 않았다. 면역억제제를 오랜 기간 투여해야 하는 문제 때문에 경제력이 없는 사람은 심장이식수술 자체를 거부했다. 이식수술의 노하우가 축적될 기회가 줄어드는 의료현실에 안타까움을 금할 길이 없었다.

그런 힘든 상황 가운데서도 여러 케이스의 심장이식 수술에 성공했다. 하지만 1996년 4월 이후 더 이상 심장이식 수술을 하지 않았다. 심장이식 수술을 한 뒤 비용문제로 면역억제제를 지속적으로 투여하지 못해 사망하거나 장기 생존율이 떨어지는 예후도 있어 수술한 보람이 없는 경우도 생겼다.

가장 큰 이유는 심장을 구하기가 어렵다는 점이었다. 그런데다 이식수술에 대한 조건도 굉장히 까다로워졌다. 그런 여러 문제로 인해 심장이식 수술을 중단할 수밖에 없었다. 마음이 무거웠지만 언젠가 환경이 좋아지면 다시 이식수술을 하게 될 거라는 기대로 마음을 달랬다.

아들이 이사장을 맡은 후 2015년부터 다시 심장이식수술을 시작하여 지금은 활발히 진행 중이며, 성공률도 좋으니 오랜 숙제를 푼 기분이다.

3-Day 세미나로 정보를 나누다

세종병원의 심장병 수술 경험과 기술을 나누기 위해 매년 쓰리데이 세미나를 개최하고 있다. 선천성 심장병병리해부학에 관한 학술대회로 세종병원의 선천성심장병 관련 해부학, 진단, 영상, 수술적 치료방법을 공개하는 시간이다. 기초 의학에 바탕을 둔 쓰리데이 세미나야말로 의료의 질을 향상할 수 있는 기회이다.

심장수술 하려면 심장이 어떻게 생겼는지 정확히 알아야 한다. 특히 선천성 심장병을 앓는 심장은 구조가 완전히 다르기 때문에 눈으로 확인하면 더욱 정확한 수술을 할 수 있다. 쓰리데이 세미나에서는 참가자들에게 부검심장을 직접 관찰할 수 있는 기회를 부여한다. 선천성심장병의 진단과 치료에 대한 강의를 듣고 140여 개의 정상심장과 선천성심장병 부검심장을 보면서 선천성심장병의 해부와 수술 방법들을 배우게 된다.

서정욱 교수는 보관하고 있는 부검 심장 140여 개를 세미나 때 갖고 오는데, 세종병원과 서울대학교병원 등 국내 주요 병원에서 부검한 소아 심장병 환자의 실제 심장이다. 환자의 안타까운 사연과 의사들의 노력이 담

식스데이 세미나(6-Day Seminar). 1999년 6월 13일.

긴 생명체와 다름없는 것이어서 가치가 크다.

서울의대 서정욱 교수가 관리하고 있는 부검 심장 중에서 해당 연도의 토의 주제에 필요한 심장을 선택하여 준비한다. 정상심장과 선천성심장병 심장의 구조를 비교하면 심장 질환을 정확하게 이해할 수 있다. 대부분의 의사가 모든 케이스의 심장을 볼 기회가 없기 때문에 대단히 귀중한 시간이다.

쓰리데이 세미나는 미국의 식스데이 심포지엄International 6-Day Symposium on Congenital Heart Disease Pathology에서 유래했다. 1994년 미국 미시시피주 미니애폴리스에서 6일간 개최된 심포지엄에 캐나다 토론토 대학의 유시준 교수와 서울대학교 의과대학 서정욱 교수가 참가했다. 유시준 교수와 서정욱 교수는 세종병원 출신으로 우리 병원과 지속적인 교류를 갖고 있다. 두 교수가 미국에 다녀온 후 한국에서도 이와 같은 세미나를 열었으면 좋겠다고 하여 의논 끝에 세종병원이 쓰리데이 세미나를 준비하게 된 것이다. 1995년부터 세종병원이 주최하고 대한순환기학회 심장병리연구회가 주관하며 서울대학교 의학연구원 심장연구소가 후원하는 쓰리데이 세미나가 시작되었다.

젊은 의사들이 선천성심장병 전문가 양성 프로그램을 통해 많은 것을 익힐 수 있도록 하기 위해 소액의 참가비만을 받고 있다. 2박 3일의 숙식비를 포함한 모든 경비와 제반 서비스를 세종병원에서 제공한다. 세미나에 선천성심장병을 전공하는 전공의와 전임의, 젊은 교수들, 관련 분야 간호사, 심폐기사, 초음파 및 방사선사, 의료기사 등이 참여한다. 세미나의 인기가 높아 해마다 강사와 참가의사의 숫자가 늘고 있는데 평균 20여 명의 강사와 40~50여 명의 새로운 의사가 등록한다.

2012년부터는 러시아, 카자흐스탄 등에서 한국으로 연수 온 해외 의료진들도 쓰리데이 세미나에 참여하기 시작하면서 훨씬 규모가 커졌다. 2014년 19차 세미나부터 우촌심뇌혈관연구재단이 주관하면서 아예 국제 행사로 격상시켰다. 연변, 하얼빈, 중국, 베트남, 소련 하바롭스크 등 세계 여러 나라의 의사들이 참여하고 있다. 준비할 것도 많고 비용도 많이 들지만 심장병 수술 방법을 가르치는 이유는 사람을 살리는 일이기 때문이다.

2017년 개최된 제22차 쓰리데이 세미나에 91명 참가했는데 그 가운데 36명이 17개국에서 온 외국인 의료진이었다. 어느 순간부터 외국인 참석자들이 더 많아졌나. 모든 케이스의 심장을 실제로 볼 수 있는 데다 심장병에 관한 모든 정보를 알 수 있는 세미나는 쓰리데이 세미나가 유일하기 때문이다.

2017년까지 참가한 인원은 강사 444명, 참가자 983명에 이른다. 국내 선천성심장병을 진료하는 전문가들은 모두 이 세미나를 거쳤다고 봐도 무방하다. 해외 참가자들의 호응에 힘입어 앞으로는 쓰리데이 세미나를 해외에서도 개최할 예정이다. 이 행사를 통해 세종병원이 가진 심장에 대한 노하우를 해외 여러 나라에 직접 전파하고 나눌 수 있을 것으로 기대한다.

쓰리데이 세미나를 시작한 지 3년이 지난 시점에 한국에서 식스데이 심포지엄이 열렸다. 제3회 식스데이 심포지엄을 대한순환기학회 주최, 세종병원 주관으로 1999년 6월 13일부터 6일간 용인 삼성국제경영연구소에서 개최했다. 이흥재 교수, 유시준 교수와 서정욱 교수의 적극적인 노력으로 국제학술대회인 심포지엄의 한국 개최권을 따낸 것이다. 인터넷이 일반화되기 전에 우리는 참가자들과의 연락이나 행사 진행을 컴퓨터와 인터넷으로 진행했다. 국제학회에서는 처음으로 의미 있는 시도를 한 것이다. 세계적인 석학들이 참석하는 행사를 차질없이 개최했고, 이는 세계에 우리나라의 IT기술을 알리는 중요한 계기가 되었다.

세계적인 심장학술대회를 성공적으로 치러냄으로서 세종병원의 위상이 상당히 높아졌다. 무엇보다 세종병원 구성원들의 자부심이 높아진 것이 수확이었다. 세종병원은 세계 심장의학계와 어깨를 나란히 하면서 계속 발전해 왔다.

성인 심장병에 대한 학술 행사 세종심혈관심포지엄Sejong Cardiovascular Symposium을 2010년부터 개최했다. 이는 민간병원이 주최하는 심포지엄 중 국내 최대 규모이다. 국내 심혈관 질환 전문의를 대상으로 심혈관 질환과 관련한 최신 지견智見을 공유하고 토론하는 자리로 시작된 심포지엄은 2013년부터 아시아태평양 지역의 심장 학술대회로 확대 개편되었다. 아세아태평양심장혈관중재시술심포지엄 Asia Pacific Cardiovascular Intervention Symposium: APCIS은 대한의사협회가 승인한 국제 학술대회로 2017년에는 17개국에서 400여 명이 참석하는 행사로 발전했다.

세종병원과 그 의료진이 축적한 지식과 기술은 우촌심뇌혈관연구재단(http://woochon.org), APCIS (http://apcis.kr), 대한심장학회 심장병리연구회 (http://cardiacpathology.kr)를 통해 이용자에게 공개하고 있으며 강의 동영상은 국립중앙도서관에서도 보관하고 있다.

심장사관학교의 보람

세종병원의 또다른 이름은 '심장사관학교'이다. 국내 주요 대학병원 심장센터와 각 지역의 대표 종합병원에서 세종병원 출신 의료진들이 심장치료 발전을 주도하면서 붙은 별명이다. 세종병원 흉부외과, 심장내과, 심장소아과, 방사선과 출신의 내로라하는 인재들이 서울대병원, 서울아산병원, 삼성서울병원, 고려대학교병원, 건국대학교병원 등 전국유명 병원에서 일하고 있다. 이 병원의 의료기사와 간호사 가운데도 세종병원 출신들이 다수 포함되어 있다.

세종병원이 심장전문의 수련분야에서 높은 위상을 자랑할 수 있게 된 비결은 두 가지이다.

첫 번째는 각종 연구와 교육에 대한 거침없는 투자이다. 세종의학연구소를 통해 다양한 임상연구가 이루어질 수 있도록 지원했으며 국내외 우수 의료기관에서 교육을 받을 수 있도록 파격적인 연수기회를 제공했다.

두 번째는 타 병원과 차별화되는 '심장치료시스템' 덕분이다. 심혈관질환은 응급치료를 요하는 경우가 대부분이며 흉부외과와 심장내과 간에 겹치는 영역이 많아 협진이 매우 중요하다. 세종병원은 유기적인 협진 시스템을 구축하여 국내 심장치료의 새로운 패러다임을 제시했다. 개원 때부터 매일 오전 '모닝 컨퍼런스'를 열고 6개 진료부서 의료진이 전날 진료한 환자들의 진단 내용을 발표하면서 자유롭게 의견 개진하는 자리를 마련했다.

진단부서(소아청소년과, 영상의학과, 심장내과)와 치료부서(흉부외과, 마취통증의학과) 의료진이 한데 모여 진료 노하우를 공유함으로써 모든 부서가 실력을 갖추게 되고, 이러한 시스템으로 인해 우수한 인재가 양성된 것이다.

처음부터 우수한 인재들이 세종병원에 몰려든 데다 심장수술을 많이 하면서 실력이 늘었다. 덕분에 세종병원 출신 의사들이 대학병원으로 가면 수술 책임자를 비롯한 중요한 보직을 맡는다.

의사들이 대학병원 교수를 선호하여 세종병원을 떠날 때는 속도 상하고 실망도 많이 했다. 미국 연수를 다녀온 온 의사가 2년 만에 대학병원으로 옮긴다고 했을 때 직접 표현은 하지 않았지만 마음이 많이 상했다. 또 우리가 연수 보낸 의사를 찾아가 스카우트 손길을 뻗친 대학병원도 있었다. 그 의사는 결국 그 병원으로 가고 말았다. 생각해보니 속을 끓일 게 아니라 오히려 자랑스러워해야 할 일이었다. 세종병원 출신들이 대학병원에서 많은 활약을 하면 그만큼 우리병원의 명성이 올라가게 된다. 젊고 유능한 의사들이 체계화된 세종병원 시스템 아래서 일했다고 하면 어느 병원에서나 환영받는다는 말을 듣고 기뻤다. 어느 순간 '세종병원은 심장병 사관학교'라는 별명이 자랑스러웠다.

앞으로도 세종병원은 체계화된 시스템 아래서 유능한 인재들이 힘을 합쳐 심장병 환자들의 건강 회복에 더욱 매진할 것이다. 이제 나가겠다는 의사가 있으면 오히려 "가서 열심히 일하라"고 격려해준다. 심장사관학교 출신이 더 크게 활약해줄 것을 기대한다.

메디플렉스 세종병원 개원을 앞두고 세종병원 출신 의사 4명을 초청하여 대담을 나누었다. 한국 최고의 병원에서 심장수술을 맡고 있는 권위 있는 의사들이다. 이들에게 요청을 하자 한걸음에 달려와서 함께 자리했다.

대담 자리에서 의사들이 "세종병원에서 모든 것을 배웠다" "세종병원을 늘 고향으로 생각한다"는 얘기를 할 때 보람을 느꼈다. 우리 병원에서 함께 의논하면서 익힌 수술 기법으로 대한민국 사람들의 심장을 치료한다는 건 의미 있는 일이다. 세종병원 출신 의사들이 큰 병원으로 옮겨가서 수술 기법을 전수하고, 많은 환자를 치료하는 것이야말로 나의 꿈인 '심장병 없는 세상'을 만드는 일이 아닌가.

우리병원 출신들이 한국 유수의 병원에서 활동하자 자연스럽게 세종병원의 명성이 올라갔다. 많은 의사들로부터 "잘 배우고 여기서 커서 떠난다. 보내줘서 고맙다"는 얘기를 들었다. 세종병원에서 열정적으로 일한 분들이 밖에 나가서도 큰 활약을 하는 것이 고맙기만 하다.

세종병원을 그만두고 다른 병원에 갔다가 다시 돌아오는 의사들도 있다. 이유는 두 가지이다. 4개의 대형병원 외에는 시술이나 수술 건수가 많지 않다는 것과 협진 시스템이 가동되지 않는다는 점 때문이다. 명의가 되는 길은 수술을 얼마나 많이 했는가에 달려있다. 수술을 많이 해야만 실력이 쌓인다.

가장 큰 이유는 협진이 안 되기 때문이다. 우리 병원은 초창기부터 5개 과가 협진을 하며 수술에 만전을 기했는데 시스템이 갖춰지지 않은 병원에 가면 혼자 다 감당해야 한다. 어느 수술이나 마찬가지겠지만 특히 심장

수술은 협진이 필수라는 걸 아는 의사들은 결국 다시 돌아온다. 심장수술을 위해 모든 과가 협조하는 시스템이 확고한 세종병원에서 수술을 해본 의사라면 다른 병원에 가서 갈증을 느낄 수밖에 없다. 돌아온 의사 가운데 한 사람이 나에게 이런 말을 했다.

"세종병원은 환경도 좋지만 젊은 사람들이 마음 놓고 일할 수 있는 장이 마련되어 있습니다. 명의 한 명이 부각되는 병원이 많지만 세종병원은 시스템화가 잘 되어 누구나 열심히 일할 수 있습니다. 좋은 환경에다 협진이 가능하니 수술하는 외과의사로서는 더없이 좋은 환경입니다."

심장수술은 의사의 역할이 30%면 다른 시스템의 역할이 70%일 정도로 협진이 중요하다. 그런 만큼 수술을 잘 했다 하더라도 협진이 잘 되지 않으면 위험하다. 마취과, 방사선과, 내과, 중환자실이 모두 제 역할을 하면서 협진을 잘 해야 완벽한 수술이 이루어진다.

다른 곳으로 옮겨간 뒤에도 계속 우리 병원과 교류하는 이들도 많다. 우리 병원에 2년간 근무한 뒤 서울대로 옮긴 서정욱 교수는 요즘 태국 쓰리데이 세미나 준비를 위해 계속 우리와 연락을 주고 받고 있다. 서 교수가 태국 의사들과 교류를 하는 가운데 선천성 심장병 환자의 부검 심장을 모으는 의사들을 만났다. 두 의사는 각각 모르는 사이였는데 서정욱 교수로 인해 서로의 존재를 알게 되었다. 개발도상국에는 여전히 선천성 심장병 환자들이 많기 때문에 실제 부검심장을 보면서 수술방법을 논의하면 큰 도움이 된다. 매사에 열정적인 서정욱 교수는 태국 의사들에게 큰 도움을 주고 있다.

유시준 선생은 세종병원에 근무할 때 책을 쓰느라 고생을 많이 했다. 세종병원에 10년 근무하고 아산병원으로 옮겼는데 강의 잘하는 교수로도 유명하다. 아산병원에 있을 때 매년 'TOP 10' 의사에 꼽혔다. 뛰어난 실력이 외국까지 소문나 캐나다 토론토대학의 정교수로 초빙됐다. 유시준 선생은 이제 세계적인 학자 반열에 올랐다.

지금은 정년퇴직한 삼성병원의 이흥재 선생도 세종병원에서 근무하다 삼성병원으로 옮겼다. 베트남에서 심장병 아이들 수술하는 법을 가르쳐 베트남에서 가장 높은 훈장을 받았다. 우리 병원에 10년 근무하고 삼성병원으로 간 이영탁 선생은 흉부외과 의사로서 수술을 가장 잘한다고 평가받는 의사 중 한 사람이다.

함께 일했던 선생들이 떠난 뒤 그 분들의 진면목을 더 잘 알게 된다. 성공하는 사람들을 보면 몇가지 공통적인 특징이 있다. 이들은 하나같이 열정적으로 일 할 뿐 아니라 의리와 신의가 있으며 남을 도와주려고 애쓴다. 이러한 분들이 세종병원을 떠나 더욱 성공해 나가는 모습을 볼 때 세종병원이 그들 성공의 발판이 되었다는 생각이 들어 흐뭇하다.

세종병원에서 학회를 열면 다른 병원으로 간 옛 동지들이 다 참여한다. 오랜만에 만난 후배 의사들이 나에게 "세종병원은 참 좋은 병원이다. 다른 곳에서 일하면서 새삼 느낀다"고 말하곤 한다. 그럴 때마다 또 보람을 느낀다.

회갑 논제집 발간

불혹의 나이에 교수직을 사직하고 병원장이 된 지 20여년 만에 회갑을 맞았다. 그해 세종의학연구소 부소장이던 마취과 문현수 선생과 흉부외과 부장 이영탁 선생이 나의 논제집 헌정식을 열어주었다. 1999년에 발간한 책 제목은 〈회갑기념 논제집 및 세종병원사〉였다. 하나의 책 안에 논제집과 세종의 역사를 보기 좋게 묶어 구성했다.

나는 후배들과 함께 논제집을 준비하면서 숨 가쁘게 달려온 지난 60년을 돌아보았다. 먼저 여러 은인이 생각났다. 그들에게 보답하는 의미로 나의 진실한 심정을 녹여 논제의 답사를 썼다.

논제집 헌정식 및 회갑 기념일에는 60평생 나를 지켜준 가족과 나와 함께 꿈을 만들어왔던 세종가족들이 함께해 주었다. 소중한 사람들이 축하해주어 감사한 마음에 눈물을 감출 수 없었다.

〈논제집 답사 전문〉

우선 바쁘신 시간을 내주셔서 대단히 감사합니다. 금년 초에 세종 의학연구소 부소장으로 계시는 마취과 문현수 선생과 흉부외과 부장이신 이영탁 선생께서 논제집 헌정식을 갖고자 하니, 협조해 달라는 요청이 있어 제가 곰곰이 생각해 보았습니다. 논문집 헌정식은 대학 교수님들이 그동안 자신이 쌓아온 업적을 정리하고자 하여, 후배와 제자들이 논문 헌정식을 하고 있습니다. 그런데 저는 대학교직을 떠난 지 18년이나 되고, 또한 그 논문들도 보잘 것 없다고 생각되어 사양할까 하였습니다. 그러나 다시 생각해보면 제가 회갑을 맞아 그동안 해온 일들을 한번 정리하고 넘어가는 것이 타당할 것 같아 오늘 이 자리가 마련되었습니다.

그래서 책 제목도 〈논제집 및 세종병원사〉로 되어 있습니다. 책 내용도

1부와 2부는 저 자신의 논문이고 제3부는 세종병원에서 발표한 논문들을 통틀어 실었고, 제4부를 보면 세종병원에서 발간한 간행물입니다. 특히 정기간행물인 세종의학 잡지를 1984년 이후 연 2회씩 한 번도 빠지지 않고 간행한 점은 현재 우리나라 여건으로는 무척 어려운 일이었다고 자부합니다. 그 외 7종의 단행본을 출간했습니다. 그중 특기할만한 것은 유시준 선생이 세종병원에서 시행한 심혈관 촬영 중 교육적 가치가 있는 사진을 골라 쓰신 〈Angiogram in Congenital Heart Disease〉는 현재 Oxford Medical Press 에서 판권을 사갈 정도로 인기있는 책이고, 이흥재 선생 등이 쓰신 선천성 심장병으로 사망한 환자들의 부검 예를 모은 〈clinicopathologic correlation〉이란 책은 세종 병원의 소아과, 심장외과, 마취과, 방사선과 그리고 해부병리과가 심혈을 기울여 함께 고생해서 만든 책입니다. 그리고 제5부에는 세종병원과 관련된 보도내용이며, 제6부는 세종병원의 발전사를 한눈으로 볼 수 있게 했으며, 제7부는 세종병원의 각종 통계를 실어 단순한 논제집이 아니라 20여 년간 세종병원이 일해 온 역사를 정리한 것입니다.

이 자리에 참석해주신 선후배, 친구, 동료 여러분! 제가 살아온 60평생을 돌이켜보면 모두 여러분들로부터 신세만 진 한평생이었다고 생각합니다. 우선 저를 낳아 길러주신 부모님의 은덕은 말로 표현하기 어렵고, 유년 시절을 지나 국민학교와 중고등학교를 부산에서 다니면서 친구들에게 진 신세, 그리고 은사님들의 따뜻한 보살핌 속에서 제가 자라났다고 생각합니다. 서울로 올라와 대학 생활을 마치고 제가 오늘이 있기까지 저를 길러주신 서울대학교의 여러 은사님들, 그중 특히 제가 존경하는 고 이영균 교수님의 은덕은 평생 잊을 길이 없습니다. 제가 해군에서 제대하고, 한양대학에서 약 10년간 교직에 있던 동안, 제가 독일에서 2년간 공부할 수 있도록 도와주신 김근호 교수님께 감사드립니다.

그 후 세종병원을 설립하여 오늘에 이르렀는데, 세종병원 설립을 위해 도와주신 여러분들께 또한 감사드립니다. 특히 저의 후임으로 현재 이사장직을 맡고 계시는 손달식 이사장님과는 설립 이후 계속 같이 근무하는 지중한 인연을 맺고 있을 뿐만 아니라, 인생의 선배로서, 손위 동서로서 그로부터 현재도 많은 것을 배우고 있습니다.

세종병원 설립 5년 후인 1987년 1월, 저의 인생에 큰 전환점을 맞았습니다. 저는 뇌혈관 장애로 고생을 했고, 그해 여름 소위 민주화 바람을 타고 노조가 탄생하면서 병원은 개원 후 최대 위기를 맞았습니다. 그런 가운데 저는 한편으로는 투병을 하면서, 다른 한편은 병원을 다시 세우는 각오로 일을 했습니다. 제가 투병생활을 할 때, 우리 가족이 나에게 보여준 사랑은 영원히 잊지 못할 것입니다. 저는 병원을 경영하면서 원칙을 지키고, 조금은 둘러 가는 감이 있더라도 안전한 길을 갔고, 당장 눈앞의 이익보다는 먼 앞날의 이익이 된다면 그 길을 택했습니다. 이런 운영의 덕으로 누가 무엇이라 하더라도 심장학 분야에서는 우리나라에서 가장 앞서 가는 병원으로 커왔습니다. 인재를 키우기 위해, 직원들의 교육을 위해 최선을 다했고, 의사들의 해외 연수는 어느 대학보다 좋은 조건으로 실시했고, 앞에서 열거한 바와 같은 잡지와 단행본 발간 등은 찬사를 받아도 조금도 부끄럽지 않다고 자부하고 있습니다. 이러한 모든 일들이 500여 직원들이 합심하여 노력한 덕이라고 믿어 의심치 않습니다. 특히 100여 명의 의사선생님들과 간호사, 그리고 그들의 진료활동을 뒤에서 묵묵히 도와주고 계신 여러 직원들에게 모든 영광을 돌립니다.

현재 세종병원은 4~5년 전부터 불어 닥친 환경적인 변화 때문에 이제 새로운 국면을 맞고 있습니다. 특히 수도권에 많은 병원의 난립으로 병상은 남아돌고, 새로 생긴 병원들과 경쟁을 위한 재투자의 요구 등으로 앞으로는 더 큰 어려움이 예상됩니다. 그러나 세종병원은 어려운 환경 속에서도 훌륭히 버텨 나갈 것이고, 계속 발전할 것입니다. 지금까지 말씀드린 바와 같이 제가 살아온 60년이 하나같이 모두 여러분들의 도움으로 이루어졌다는 것을 깊이 깨닫고 있습니다.

앞으로 제가 살아가는 동안 첫째로는 세종병원의 발전을 위해 최선을 다할 것이며, 둘째 한국 어린이보호재단을 통한 사회봉사 활동을 더 활발히 할 것이고, 셋째 지역사회를 위한 봉사활동에 더욱 정진할 것을 다짐합니다. 끝으로 논제집 간행을 위해 노력해 주신 여러 간행위원들과 관련 직원들의 노고에 감사드리면서 인사 말씀에 갈음합니다.

1999년 4월 30일 박영관 드림

9부

제2의 도약

제2의 도약

천군만마를 얻다

세종병원을 개원하고 20년이 흐른 2002년, 많은 것을 이루었고 많은 이에게 인정받는 심장전문병원이 되었다. 그런데 어쩐 일인지 병원의 실적도 수익도 모두 악화되었다. 적신호가 켜진 것이다. 20년간 쉼 없이 달려온 나는 어느새 타성에 젖어가고 있었다. 처음 구축한 시스템으로 이룬 성과에 만족하여 안주하며 병원 일보다 사회 봉사활동으로 더 바쁘기도 했다. 변화가 필요한 시점이었다. 좀 더 객관적인 눈으로 세종병원의 문제를 파악하고, 나보다 병원을 더 사랑하면서 변화를 도모할 사람을 찾아야 했다.

나를 돌아보았을 때 직원들과의 소통에 좀 문제가 있었다. 개원하고 병원을 발전시켜 나오는 과정에는 나는 어느덧 '명령하는 사람'으로 굳어져 있었다. 전문경영인 체제를 도입하려고 생각해봤으나 모든 것을 맡길만한 상황이 아니었다. 병원은 일반 회사와 다르니 의료와 경영을 다 아는 사람이 필요한데 그런 사람을 찾기가 힘들었다. 경영을 맡기더라도 어느 정도

논의를 해야 하니 나와 조화를 이룰 사람이어야 했다. 하지만 좀처럼 떠오르는 이가 없었다. 그래도 우리가 원하는 사람이 있을 거라고 생각하여 여기저기 알아보는 가운데 딱 떠오르는 인물이 있었다.

아내이자 전 세종병원 정란희 이사장 근무하는 모습

다름 아닌 아내였다. 자랑 같지만 아내는 상당히 명석한 편이다. 매사에 현명한 판단을 내리는 데다 무엇이든 빨리 습득하는 재능이 있다. 기본적으로 경영자가 지녀야 할 여러 자질을 갖추고 있었다. '이 사람이 공부를 좀 더 하면서 노력하면 일을 잘 할 것'이라는 확신이 들었다. 마침 시할머니 모시는 일을 잘 마친 데다 자녀들도 다 키워 홀가분한 상태였다. 어머니도 노환으로 세종병원에 입원해 계셔 아내에게 시간 여유가 생겼다. 사실 그 전부터 아내가 나를 좀 도와주면 좋겠다고 생각했지만 어머니 모시고 아이들 보살펴야 하니 현실적으로 불가능했다. 진학과 혼사 등 자녀 넷을 돌보기가 여간 복잡하지 않았다.

아내에게 "이제 살림에서 자유로워졌으니 나를 도와달라. 병원 운영이 벅차다. 구원투수 역할을 좀 해달라"고 말을 꺼냈다. 하지만 아내는 완강히 거절했다.

"지금까지 가정에서 살림만 했는데 어떻게 병원 일을 해요. 내 나이가 60입니다. 그동안 전혀 관여를 안했는데 지금 와서 뭘 한다는 게 두렵네요. 할 줄 아는 게 없는데 나갔다가는 우습게 될 게 뻔해요. 전문 경영인을 초빙하세요."

아내는 그동안 병원 일에 관여한 적이 없으니 더 이상 권하지 말라고 했다. 사실 아내는 직장생활을 한 적이 없었다. 교사로 일했던 아내의 친구들이 명예퇴직하는 시점에서 일을 권하니 아내로서도 당황했을 것이다.

하지만 포기할 수 없었다. 내가 아내를 초빙하려고 한 건 오랜 기간 옆에서 보며 확인한 바가 많기 때문이다. 무엇보다도 나를 잘 이해해 주고, 나와 가장 말이 통하는 사람이라는 점 때문에 아내가 필요했다. 아내는 잔소리를 하지 않는 아주 이상적인 스타일이다. 어떤 일이든 결정이 나면 불평하지 않고 밀어주었다. 병원 개원 문제로 바쁘게 뛰느라 거의 가정을 돌볼 틈이 없을 때도 그랬다. 개원 초기였던 1982년은 핸드폰이 없을 때라 전화 옆에 있지 않으면 연락이 힘들었다. 병원 일에 빠져 며칠 만에 집에 들어가도 아내는 나를 걱정할 뿐 잔소리나 원망을 하지 않았다. 내가 미안해하면 "자기가 해야겠다고 결정하면 돌아보지 않고 열심히 하는데 내가 무슨 수로 말려요"라며 나를 응원해주었다.

한 번도 내 앞에서 불평을 한 적이 없는 아내가 딱 한번 섭섭함을 표현한 적이 있다. 병원을 짓기 위해 아버지가 사두신 논현동 땅을 세종병원 설립할 때 팔았다. 아내는 나중에 세종병원이 노사분규로 어려움을 겪자 "그 때 병원 안 짓고 그 땅 갖고 있었으면 부자로 편하게 살았을 거"라고 딱 한 번 얘기했을 뿐이다.

내가 특별히 아내에게 높은 점수를 주는 이유는 대인관계가 원만하다는 점 때문이다. 기업 CEO들이 운전기사에게 횡포 부린 일이 언론에 자주 등장하는데, CEO 당사자만의 문제가 아닌 집안사람들과의 마찰도 원인이었을 것으로 짐작된다. 나는 35년 동안 운전기사를 딱 두 사람만 기용했다. 첫 번째 기사는 25년간 일한 뒤 정년퇴직했고 두 번째 기사가 지금도 운전을 하고 있다.

우리 집에 들어온 가정부는 본인이 나가겠다는 의사를 표하기 전에 한 번도 내보낸 적이 없다. 아내는 불편한 점이 있으면 자신이 참고, 부족한 점이 있으면 가르쳤다. 아내가 운전기사와 가정부에게 단 한 번도 명령하는 것을 본 적이 없다. "이래라 저래라"가 아닌 "이렇게 해주면 좋겠다"라고 말한다. 그런 모습을 보면서 아내가 가정부와 운전기사를 존중하듯 직원들을 잘 대하면 병원 분위기가 좋아질 거라는 생각이 들었다.

아내는 시어머니는 물론 시할머니까지 모시면서도 불평한 적이 없다. 사람들과 화합하고, 포용력이 있는 아내가 병원에 정말 필요했다. 아내에게 또다시 병원으로 나오라고 부탁했다. 그 사이에 다른 사람들도 아내를 설득했다. 우리 병원과 관련 있는 심 노무사와 병원 약품을 납품하는 안 회장이 아내에게 "병원 살림 돌볼 사람이 있어야 한다. 회장님이 병원에서 대화를 나눌 사람이 필요하다. 나가서 도우라"고 얘기를 해서 아내 마음이 조금씩 움직였다.

아내가 병원에 나올 지도 모른다는 얘기가 돌자 노조에서 미리 반대하고 나섰다. 그때 노동운동을 한 적이 있는 심 노무사가 노조위원장을 만났다. "왜 반대하나, 사모님은 합리적인 분이다. 나오면 더 좋을 것이다"라는 얘기를 해서 노조의 반대가 수그러들었다.

6개월 이상 거절하던 아내가 "나가면 무슨 일을 해야 하나"라고 물었다. 마음이 돌아선 것이다. 나는 상임이사 자리에 앉아서 병원 살림을 챙겨달라고 부탁했다. 아내가 드디어 고개를 끄덕였다.

살림꾼의 매서운 눈

여러 번에 걸친 간곡한 설득 끝에 2002년 2월, 아내를 세종병원 '상임이사'로 영입하는 데 성공했다. 병원에서 아내의 공식호칭은 '정 이사'였다. 임금을 책정할 때, 아내는 본인이 월급을 받기 위해 일하러 나오는 것이 아니니 명목상의 월급만 받겠다고 했다.

아내가 상임이사로 부임하자마자 바로 서울대학교 보건대학원 최고경영자과정GSPH에 원서를 냈다. 공부와 병원 경영 수업을 동시에 진행하기 위해서였다. 이를 필두로 카이스트 최고경영자과정K-CEO, 이화여대 최고경영자과정EM-TOP, 서울대학교 경영대학 최고경영자과정AMP, 연세대학교 최고경영자과정TMP, 숙명여대 최고경영자과정SCUFE까지 쉬지 않고 공부했다.

경영 관련 과목이다 보니 서울대학 AMP 과정이나 카이스트 K-CEO 과정은 여자가 2명에 불과했지만 아내는 군말 없이 열심히 다녔다. 특히 서울대 AMP과정은 입학하기 까다로웠지만 무난히 들어갔다.

여러 학교에 다니며 공부도 하고 여러 분야의 사람들을 사귀면서 정 이사의 안목이 넓어졌다. 경영자과정 학우들이 대개 CEO여서 정 이사는 자연스럽게 회사 경영에 관한 얘기를 나누게 되었다. 병원에서 어려운 일이 생기면 최고경영자과정에서 만난 학우들과 연락을 해서 해결책을 찾기도 했다.

대범한 성격인 정 이사도 병원에 출근하면서부터 노심초사할 때가 있었다.

"우리 가족만이 아닌 많은 식구가 달려있으니 정말 잘해야 한다는 생각이 들지만 열심히만 한다고 되는 게 아니어서 걱정입니다. 창의적인 생각과 합리적인 방법으로 어려운 환경을 헤쳐 나가야한다는 걱정에 늘 조마조마하네요."

이런 하소연에 내가 아내에게 너무 큰 짐을 지운 게 아닐까, 하는 걱정이 들었다. 하지만 우려와 달리 아내는 내가 전혀 볼 수 없는 분야를 정확히 찾아 성과를 내기 시작했다.

정 이사의 눈에 가장 먼저 띈 것은 물건 구입비였다. 의료와 관련된 품목은 값을 잘 모르지만 일상적으로 쓰는 건 주부인 아내가 잘 알고 있었다. 일상용품이 소매보다 더 비싸게 구입되고 있다는 것이 정 이사의 눈에 포착된 것이다. 사실 나는 병원을 경영하는 입장이지만 의사로서 어떻게 하면 수술을 더 잘할 수 있을까에 온 신경을 집중했다. 개원하고 20년 동안 병원 살림을 살뜰히 챙겨 볼 생각을 못했던 것이다. 과연 40년간 집안 살림을 맡아온 주부의 눈은 매서웠다.

정 이사는 병원에 들어오는 인쇄물을 포함한 생활용품의 목록과 가격표를 가지고 면밀한 검토를 하기 시작했다. 제품들을 납품하는 업체와 경쟁사들을 불러 모아 단가 비교표를 만들도록 했고, 재고 조사를 실시하였다. 이 과정에서 그동안 물품 구입에 있어 관리가 허술했음을 알고 바로잡기 시작했다. 싸게 살 수 있는 것들을 비싸게 사고, 또 물품 재고 리스트가 실재고와 맞지 않는다는 것은 담당자들의 업무 태만이며, 관리자의 소홀함 임을 지적했다. 정 이사는 이러한 일이 다시 일어나지 않도록 시스템을 구축한 뒤 '지나간 것에 대해서는 책임을 묻지 않겠다. 하지만 추후에는 이런 일이 일어나지 않도록 해야 한다'며 못을 박은 뒤 물품 구매 건을 일단락 지었다.

더 큰 문제는 의료기기와 의료용품 구매였다. 사실 생활용품은 의료장비나 의료용품, 의료소모품에 비교하면 아주 적은 액수였다. 단가가 높은 의료 관련 용품 구매에 대한 혁신이 필요했다. 지금까지는 어쩔 수 없었다지만 앞으로가 문제였다. 병원에서 필요한 물품 구매를 위해 믿고 의논할 사람이 필요했다. 정 이사가 눈여겨 본 사람은 병원초창기부터 근무한 성실하고 믿을 수 있는 수간호사였다.

그 수간호사를 관리과장으로 발령 낸 뒤 관리과장과 함께 의료기기를 비롯한 여러 품목의 가격을 비교분석했다. 정 이사는 보고를 받아 면밀하게 검토한 후 물건 구매를 결정했다. 정 이사가 구매를 관리하면서 병원의 경비가 많이 절약되었다. 그와 함께 믿고 의논할 사람이 늘 곁에 있다는 점이 좋았다.

병원을 산뜻하게 바꾸다

리모델링을 실시하여 병원이 쾌적하고 밝아졌다는 것도 정 이사의 빼놓을 수 없는 공적이다. 1982년에 개원하고 나서 20년 동안 병원은 별로 변한 게 없었다. 정 이사는 로비의 천장이 낮은 데다 바닥이 어두운 색이어서 병원이 전체적으로 음울해 보인다며 리모델링을 계획했다. 내가 미처 생각하지 못한 부분이었다. 천장과 바닥을 밝은 색으로 바꾸고 조도를 높이니 병원 분위기가 달라졌다.

원무과 뒷벽은 페인트칠을 했는데 3년이 지나면 더러워져서 다시 칠해야 했다. 정 이사는 칠하는 대신 닦으면 되는 자재를 선택해서 재시공하도록 했고, 그 덕분에 그때 이후로 지금까지 칠하지 않고 닦기만 하면서 잘 사용하고 있다. 또한 좋은 그림을 몇 점 사서 병원 곳곳에 걸어 격조 높은 분위기가 조성됐다. 작은 변화로 병원 환경이 업그레이드되자 직원들이 더 좋아했다.

병원 입구의 왼쪽에는 원래 건물이 없었는데 확장을 하여 6층을 올렸다. 그 덕분에 입원실 부족 현상을 해결할 수 있었다. 3층짜리 별관은 6층으로 확장하고 로비도 넓혀서 커피숍을 만들었다. 본관을 7층으로 증축하여 VIP실을 만들어 외국인환자전용병동으로 조성했다. 옥상 정원을 마련하여 환자들과 직원들이 쉴 수 있는 공간도 생겼다.

이러한 변화로 세종병원은 지식경제부 산하 한국디자인진흥원이 주는 최우수디자인good design상을 받았다. 내원자들이 늘면서 주차 공간이 없어 불편이 많았는데 정 이사가 온 뒤에 주차타워를 새로 만들었다. 증축과 리모델링이 계속 이어지는 과정에서 환자들이 불편을 겪었지만 환경 개선을 위해서는 방법이 없었다. 그동안 불편을 잘 참아준 환자들에게 감사를 전한다.

병원의 진입로가 너무 협소한 것도 문제였다. 내원환자들을 다 흡수하기 어려워지자 정 이사는 새로운 병원부지 마련을 위해서 동분서주 했다. 정 이사가 과감하게 일하는 모습을 보고 직원들 사이에서 “정 이사님이 좀 더 빨리 나왔더라면 우리 병원이 훨씬 커졌을 것이다. 학교도 지을 수 있었을 텐데…”라는 말이 나오기도 했다. 그런 말을 들을 때 흐뭇하기만 했다. 내실을 다지면서 효율적으로 병원을 확장한 정 이사를 2006년에 대표이사로 추대했다.

강성 노조와 맞서다

2006년 경인지역 노조와 연계한 대규모 파업 바람이 일었다. 병원 1층 로비를 점거하고 파업을 시작한 것이다. 전체직원이 500명인데 10% 정도의 직원이 노조원이었고, 파업에 참여한 직원은 5%가 채 되지 않았다. 하지만 외부 세력이 가세하면서 규모가 커졌다. 경인지역 금속노조, 택시노조, 노점상노조 등 여러 조직의 노조원들이 몰려왔다. 왜 다른 조직의 노조원들이 우리 병원으로 몰려오는지 이해가 되지 않았지만 그 즈음 파업할 때마다 일어나는 현상이었다. 간단하게 끝날 것 같지 않았다.

그런데 파업 이슈가 불분명했다. 처우개선도 아니고 경영진 물러나라는 것도 아니었다. 노조 측은 전임노조원 한명을 요구했고 우리는 1/2명만 허용 하겠다고 했다. 법적으로 노조원 99명당 전임노조원을 한 명 인정하게 되어 있었다. 우리는 50명이 채 안 되니 한 명을 인정할 수 없었다.

병원에서는 노조관리 전문 전담직원을 한 명 채용했다. 이에 불만을 품은 노조 측에서 대규모 파업을 했다. 정 이사는 타협하지 않고 정면 돌파하겠다는 의지를 내비쳤다. 병원이 정상 운영되면서 파업에 참여하지 않은 직원들의 일이 많아졌다. 파업참여자 20여 명 가운데 10명 정도가 강경파였다.

로비 바닥을 점거하고 파업을 하니 내원하는 환자들의 불편이 이만저만이 아니었다. 정 이사는 "언제 터져도 터질 일이니 이번에 확실히 매듭을 짓는 게 좋겠다"며 '무노동 무임금'을 선포했다.

신문에 연일 '세종병원 파업' 관련 기사가 났다. 여러 노조가 지원하는 가운데 파업 규모가 커졌기 때문이다. 그런 복잡한 상황에서도 환자들과 보호자들이 계속 우리 병원을 찾아주셔서 감사할 따름이었다. 머리띠를 하고 로비에 앉아 구호를 외치는 노조원들을 향해 환자들이 "병원에서 무슨 짓이냐"며 야단을 치고 의자를 밖으로 끄집어내기도 했다.

정치인들이 파업 응원 차 매일 우리 병원을 찾아왔다. 앞에 선 노조원이 "오늘 저녁에 000 의원이 오십니다"라고 선동하면 앉아 있는 파업 참가자들이 함성을 지르며 박수를 쳤다. 여러 단체의 노조간부와 유명 정치인들이 병원에 와서 연설을 하고 구호를 외쳤다. 왜 열심히 환자를 치료하는 병원에 다른 단체나 정치인이와서 판을 벌이는지 이해할 수 없는 가운데 피해를 고스란히 당할 수밖에 없었다.

파업이 이어지는 동안 정 이사는 노조에서 요구하는 것을 하나하나 따져봤다. 그래서 아무리 노조가 강력한 요구를 해도 안 되는 건 안 된다고 분명히 말했다. 파업에 참여하지 않은 직원이 훨씬 많은 데다 간부 직원들이 병원 측을 적극 지원해 흔들리지 않고 나아갈 수 있었다. 우리는 뚝심을 갖고 병원을 사수해 나갔다.

계속해봐야 더 이상 얻을 게 없다고 생각했는지 노조가 181일 만에 파업을 철회했다. 6개월 동안 정 이사가 조금도 밀리지 않고 원칙대로 진행하자 노조도 점차 힘이 빠진 것이다. 파업 주동자 한 명을 재판을 통해 해고했다. 무노동 무임금을 고수해 파업에 참여한 직원들은 6개월간 월급을 받지 못했고, 불법행위의 경중에 따라 해고, 정직, 감봉 등의 처벌을 했다.

병원은 병원대로 대외적인 이미지에 손상을 입었다. 환자들은 불편을 겪었고 파업에 참여하지 않은 직원들이 일을 많이 하면서 병원을 지키느라 고생했다. 병원도 노조도 힘들긴 마찬가지였다. 수확이라면 노조가 외부 세력의 지원까지 받으며 장기간 파업을 해도 무리한 요구는 받아들여지지 않는다는 것을 확실히 한 점이었다.

노사합의문에 사인할 때 경인지역 노조위원장도 참석했다. 그 자리에서 정대표가 "그렇게 파업을 유도해서 덕 본 게 뭐가 있나. 우리 직원들이 해고에 정직, 감봉을 당하고 6개월간 월급도 못 받았다. 당신들이 와서 그 사람들에게 해준 게 뭐 있나. 병원도 노조원들도 어느 한 쪽 덕본 곳 없이 손해만 봤다. 이 물 안 먹겠다고 침 뱉고, 흙 집어넣고 지금 와서 그 물 먹게 해달라고 사정하는 꼴 아니냐?"고 하자 그는 아무 대답도 하지 못했다.

우리 병원이 신문에 많이 오르내린 이유는 유례없이 파업 기간이 길었기 때문이다. 끝까지 타협하지 않고 원칙대로 하다 보니 오래 간 것이다. 파업 기간에도 병원 일이 잘 진행되고 환자도 줄지 않았으니 파업을 계속

할 의욕을 잃었을 것이다.

노조 파업으로 6개월간 홍역을 치렀지만 묵묵히 일하고, 때로는 나서서 도와준 직원들이 많아 힘이 됐다. 그때 병원을 위해 함께 청소하며 힘써주신 세종인들의 노고를 잊지 못한다. 또한 그 어지러운 상황 속에서도 세종병원을 찾아주시고, 격려해 주신 많은 분과 불편을 감내해 주신 환자분들에게 감사 인사를 전하고 싶다. 무엇보다도 끝까지 법적으로 끌고 나가 마무리를 잘해낸 정 이사가 대견하다. 정 이사는 "이번 일 겪으면서 사회에 모순이 너무 많다는 걸 알았다. 노조원들의 불법적인 행동에도 경찰이 손을 못 댄다는 사실이 서글프다"고 말했다.

"당신이 병을 얻으면서까지 일할 때 '그 고생하고 무슨 영화를 보려고 그러냐'고 핀잔을 줬는데 직접 나와서 일해 보니 책임이 막중하다는 걸 깨달았어요. 직원이 500명이나 되니 아이가 하나씩만 있다고 해도 1,500명 가족이잖아요. 납품회사 가족들까지 생각하면 더 어깨가 무거워지네요. 그동안 당신이 얼마나 고생했는지 알겠어요."

그런 말을 들을 때 뿌듯하기도 했지만 아내까지 부담을 안게 만든 게 미안했다. 아내는 나에게 든든한 지원군이었다. 노조가 파업을 했을 때 아내가 없었다면 원칙을 지켜가며 끝까지 밀고가기 힘들었을 것이다.

야당 역할을 톡톡히 한 아내

2008년 아들이 세종병원에 오면서 아내가 이사장이 되고 나는 회장으로 불렸다. 병원 살림도 다져지고, 분위기도 좋아져서 다행스러웠다. 처음에 의심의 눈길로 보던 사람들이 아내를 신뢰하는 것이 무엇보다도 안심되었다. 아내는 믿어지지 않을 만큼 능숙하게 일을 잘해냈다. 평소 성격대로, 가정을 원만하게 이끌어간 실력대로, 큰소리 내지 않으면서 병원을 조용히 변화시켰다. 내 판단이 옳았다는 점이 확인되어 다행스러웠다.

아내가 부임한 뒤 가장 큰 변화는 병원 분위기가 밝아졌다는 점이다. 나는 무뚝뚝한 데다 말이 없어 직원들과 마주쳐도 덤덤한 표정으로 지나치는데 아내는 환하게 웃으며 직원들에게 다가갔다. 살림을 단단히 다지면서 환경을 밝게 가꾸었다.

아내는 병원에 부임하여 의사들과 행정직원들을 두루 만났다. 그 자리에서 아내는 얼마나 힘들게 개원을 준비했는지를 얘기했다.

"처음에 병원 세운다고 할 때 반대했습니다. 갖고 있는 재산만으로도 교수로 연구하면서 편하게 살 수 있는데 뭐 때문에 힘들게 병원을 하냐고 반대를 했죠. 돈을 벌기 위해서가 아니라 심장수술 잘하는 병원 만드는 게 목적이라는 남편을 말릴 수가 없었어요. 매일 늦게 들어오고 고생을 많이 해서 남편의 건강이 나빠졌어요. 오죽하면 아들이 의과대학에 간다는 걸 말렸겠습니까."

아내의 얘기에 사정을 잘 몰랐던 직원들이 병원을 더 잘 이해하게 되었다.

내가 세세한 지적을 하려고 하면 아내는 "이제 손을 좀 놓으세요. 멀리 보세요. 너무 가까이서 보면 지적할 거 투성이에요. 한두 마디 충고하는 건 괜찮지만 이렇게 하라, 저렇게 하라 세밀하게 지적하지 마세요. 직원들을 믿으세요. 우리보다 잘하는 것도 많으니 맡겨보세요. 우리가 끝까지 다할 수 있는 거 아니잖아요" 라고 말했다. 병원 구석구석에 대해 다 참견을 했던 나는 아내가 오고 나서 많은 것을 내려놓을 수 있었다.

아내는 '야당' 역할을 톡톡히 했다. 그동안 병원 내에서 나에게 지적을 하는 사람이 없었다. 열심히 해왔지만 분명히 시정해야 할 부분이 있었다. 그런 점을 직원들이 알았다하더라도 말하기 힘들었을 것이다. 하지만 아내는 스스럼없이 나에게 말했다. 또한 그간 결정할 일이 있으면 털어놓고 상의할 사람이 없었는데 아내가 오자 무슨 얘기든지 다 할 수 있어서 좋았다. 아내가 가정에만 머물렀다면 논의할 수 없는 부분들이었다. 아내가 병원 사정을 알고 경영자 입장에서 병원을 바라보기 때문에 대화가 된 것이다.

아내가 병원 일을 도맡아 하면서부터 불안하고 초조했던 내 마음이 안정을 찾기 시작했다. 정신적으로 여유가 생겼다고나 할까? 아마도 든든하게 믿을 곳이 있어서인 것 같았다.

병원의 분위기가 몰라보게 바뀌었고, 경영실적도 눈에 띄게 호전되었는데 갑자기 아내가 화난 목소리로 말했다.

"병원 일은 뒷전이고 당신은 봉사활동에만 전념하고 있네요. 벌써 몇 년째예요? 본업이 뭡니까? 내가 병원에 나왔다고 모든 것을 나에게 맡길 작정이에요?"

사실 아내가 병원에 나오기 전부터 내가 너무 바쁘다는 지적을 받고 있었다. 그런데 옆에서 따끔한 충고를 하니 더 이상 외부 일을 병행하기 힘들었다. 병원일도 바쁜 데다 내 건강도 생각해야 했다.

2002년 봄, 우선 세이브더칠드런 이사장직을 내려놓았다. 그러나 범죄예방위원회는 적임자가 없어 아내의 채근에도 몇 년 더 일했다. 총 8년 동안 일하고 나서야 그만둘 수 있었다.

어떤 조직이든 가장 높은 자리에 있다는 건 외로운 일이다. 무엇보다도 대화할 상대가 마땅치 않다. 병원에 나오면 늘 외로움을 느꼈다. 그런데 아내가 바로 옆 사무실에서 근무하고 있으니 생각만으로도 푸근했다. 서로 바쁘게 일하다가 점심시간이 되면 같이 구내식당으로 가서 식사하고, 식사마치고 와서 함께 차를 마시며 대화를 나누었다. 아는 손님이 오면 같이 만나고 외출할 때도 함께 가곤 했다.

아내가 집에 있을 때 서로 바빠서 대화를 나누기가 쉽지 않았다. 나는 나대로 병원 일에 바빠서 늦게 퇴근할 때가 많았고, 아내는 자녀들 뒷바라지에 집안 대소사 챙기느라 시간이 없었다. 저녁이면 둘 다 지쳐서 필요한 말 외에 거의 하지 않았다. 하지만 함께 일하면서 공감대도 생기고 수시로 만나서 의논도 하니 나로서는 더할 나위 없이 좋았다. 근 20년간 병원 전체를 책임지고 바쁘고 긴장된 시간을 보냈는데 아내와 함께 일도 하고 휴식도 취할 수 있으니 심적으로 안정이 되는 것 같았다.

아내가 부임한지 얼마 되지 않아 여자 간부직원들이 “정 이사장님이 저의 롤 모델이에요. 정 이사장님처럼 되고 싶어요”라고 했다. 그렇게 말하는 얼굴에 진심이 담겨 있었다. 왜 그렇게 생각하느냐고 묻자 답변이 비슷했다.

“사회 경험이 없는 데도 빠르게 적응하고, 명석한 두뇌로 어려움 없이 일처리 하는 걸 보니 부러워요. 밝은 에너지를 뿜어 주변 사람들을 행복하게 하는 모습도 좋아요. 정 이사장님처럼 멋있게 늙고 싶다는 생각을 하게 됐어요.”

무엇보다도 아내가 병원에 온 후 사람들이 나에게 “부드러워졌다”고 말했다. 늘 “심각하고 철저하고 무거운 데다 완벽을 추구해 숨 막힌다”는 얘기를 들었던지라 한결 기분이 좋고 홀가분해졌다.

고삐를 맡기는 삶

2006년 9월, 좋은 일이 있으면 나쁜 일이 있기 마련이다. 삶이 늘 좋은 일만 계속될 수는 없다. 천국에 가야 즐거운 일이 이어질 것이다. 노조파업이 끝나고 모든 것이 다 잘 되고 있었다. 찬바람이 불던 가을날 병실을 돌며 환자들의 쾌유를 빌고 집으로 돌아왔다. 저녁을 먹고 잠자리에 들었는데 쉽게 잠이 오지 않았다. 눕자마자 곤히 잠에 빠진 아내가 부럽기만 했다.

영 잠이 오지 않아 실내등을 끄고 스탠드 등을 켠 뒤 잠든 아내의 얼굴을 물끄러미 바라보았다. 지난날이 주마등처럼 지나갔다. 눈만 뜨면 일하는 재미로 앞만 보고 사는 남편과 늘 함께 해 주고, 병원 설립을 꿈꾸는 나를 위해 언니와 오빠들을 설득한 아내, 아들딸 넷을 낳아 올바르게 기르고, 시할머니와 시어머니까지 정성껏 모신 뒤 이제 병원에 나와 나를 도와주는 아내, 속 깊고 대범한 아내 덕분에 노조 파업까지 이겨낼 수 있었다.

여러 감정이 교차하여 그날 잠을 설쳤다. 개운치 않은 몸을 이끌고 병원으로 향했다. 그런데 가슴이 아프기 시작했다. 호흡이 가빠지고 숨쉬기가 힘들었다. 금방 죽을 것만 같은 심장통이 계속됐다. ‘올 것이 왔구나’ 나는 불안한 마음으로 서둘러 심장혈관촬영을 했다. 흔히 말하는 심근경색이었다. 좌측관상동맥이 막혀있었는데 스탠트를 넣기 어려운 위치였다. 결국 관상동맥 우회로수술을 하기로 했다.

발병 원인은 육체적 과로 누적과 심리적 스트레스, 그리고 노화였다. 정밀검사를 거쳐 곧장 수술실로 들어갔다. 곁에서 내 손을 잡아주는 아내의 얼굴을 보니 한결 마음이 놓였다. 하지만 늘 남편을 걱정해야하는 아내에게 미안한 마음뿐이었다.

수술을 집도하던 의사가 자신이 설립한 병원에서 수술을 받는 심경도 복잡했다. 수술 집도의로서 누구보다 수술과정을 잘 알지만 환자인 만큼 어쩔 수 없이 두려운 마음이 들었다. 마취 전에 환자들이 느낄 두려움을 체감할 수 있었다. 수술은 큰 어려움 없이 끝났다. 회복실에서 눈을 뜨니 아내의 얼굴이 또렷이 보였고, 비로소 마음이 놓였다. 엄마 같고 누나 같고 친구 같은 아내가 내 곁에 있다는 것이 너무도 고마웠다.

사람의 몸은 한번 손상되면 원래대로 복구되기 어렵다. 그렇기 때문에 손상되지 않도록 평소에 관리를 잘 해야 한다. 2008년 3월 초 재활훈련을 해 볼 요량으로 좋아하는 스키를 타고 싶었지만 아내가 극구 만류했다. 3월초여서 눈도 다 녹았고 큰 수술을 한 데다 노화로 인해 몸이 예전같지 않으니 스키는 무리라고 못 박았다.

마음만은 청춘이었던 나는 아내의 말이 지나친 염려로만 여겨졌다. '내 몸의 주인은 내 마음이다. 내 마음이 하자는 대로 내 몸은 따라간다. 나는 아직 할 일도 많고, 하고 싶은 일도 많다. 나는 무엇이든 할 수 있다는 도전정신으로 살아오지 않았는가?' 이런 호기로운 생각을 하며 스키장으로 달려갔다. 처음에는 조심했지만 몸이 풀리자 자신감이 솟아올랐다. 결국 과격하게 스키를 타다가 사고가 터지고 말았다.

119 구급차에 실려 급하게 서울대학교병원으로 갔다. 그 당시 아들 진식이 서울대학교병원 응급실에 근무하고 있었다. 그 와중에도 갑자기 실려 온 아버지를 보고 아들이 많이 놀라지나 않을까 걱정되었다.

검사 결과 고관절골절이었다. 처치를 받고 병실에 누워있으면서 내 몸이 병마와 싸워온 이력을 더듬어 보았다. 가장 처음 수술실의 풍경을 본 것은 고등학교 3학년 때였다. 급성 맹장염 수술을 하느라 처음 누웠던 수술대의 차가운 감촉을 잊을 수가 없다. 인턴 시절에 폐결핵으로 인한 약물치료를 받았고, 한양대학교 교수 시절에는 신장결핵 후유증으로 생긴 요도협착증으로 요도확장수술을 받은 적이 있다.

생각해 보니 의사가 된 후에도 많은 병을 만났다. 세종병원을 설립한 이후 조금 더 묵직한 병들이 내게 왔다. 뇌졸중과 심근경색, 고관절골절 수술까지. 이러한 병력은 나의 몸을 철저히 관리하지 못했음을 증명한다. 앞만 보고 달리면서 미처 나의 건강은 돌보지 못한 것이다. 하나하나 꼽다보니 내 몸이 마치 '병 백화점' 같았다.

그런 생각을 하고 있을 때 아내가 병실에 들어왔다. 그동안 운전기사를 비롯한 여러 사람을 통해 나의 독단적인 외출 소동부터 응급실에 실려 온 내막까지 잘 알고 있을 터였다. 아내가 훤히 알았으면서도 짐짓 이제야 왔다는 것을 나는 알고 있었다. 아내가 말렸는데도 스키를 탔던지라 미안하기 그지없었다. 그래도 아내를 보니 반갑기만 했다. 민망한 웃음이 나왔다.

"스키를 실컷 타서 원도 한도 없겠네요. 왜 웃는데요? 웃음이 나오나요?"

그렇게 면박을 주면서도 아내의 얼굴에는 걱정이 그득했다.

며칠 후 세종병원으로 옮겨 전신을 석고로 감고 두 달 동안 꼼짝도 못하는 환자 신세가 되었다. 누워만 있으려니 갑갑하기 그지없었다. 누워서 식사를 하는 것도 보통 어려운 일이 아니었다. 음식이나 물을 삼킬 때 걸핏하면 사레가 들렸다. 잘못하면 폐렴이 생기고 다른 합병증이 올 수도 있는 상황이었다. 계획하고 설계하는 것이 취미인 만큼 쉽게 식사할 수 있는 방법을 찾기로 했다. 고민하다 침대를 개조하기로 마음먹었다. 미국에 90도로 세울 수 있는 침대가 있다지만 한국에서는 찾기 어려울 때였다. 곰곰이 생각해보니 물리치료실에 내가 원하는 것과 비슷한 기구가 있었다. 전신을 거꾸로 회전시키는 헬스기구를 연상하면 될 것이다.

그 기구 위에 나무로 침대 틀을 만들고 겨드랑이까지 올라온 석고의 등에 고리를 만들었다. 그런 다음 도르래를 달아 쇠줄 한쪽 끝은 석고의 고리에 연결하고, 다른 한쪽에는 몸무게보다 무거운 추를 달아 90도로 세웠을 때 체중이 아래로 쏠리지 않게하여 고관절에 무리가 가지 않도록 하였다. 또한 침대를 세워 밥을 먹을 때 혼자서 먹을 수 있도록 높은 식탁도 만들었다. 서서 밥을 먹으니 사레들릴 염려도 없어졌을 뿐 아니라 장시간 누워있는 고통에서도 벗어날 수 있어서 2달간의 병원 생활을 버텨낼 수 있었다.

문병 온 친구들이 내가 식사하는 모습을 보면서 아이디어가 좋으니 특허를 내자고 농을 했다. 필요한 것을 깊게 생각하면 모든 문제점이 해결된다. 궁하면 통한다는 진리를 터득한 셈이다.

4월 8일은 나의 70번째 생일이었다. 워커힐로 집안 친척과 병원의 몇몇 분을 초청하여 칠순잔치를 할 예정이었으나 내가 환자 신세가 되는 바람에 모두 취소했다. 그 때 이후로 더 이상 위험한 운동은 하지 않는다. 평생 도전정신을 모토로 삼고 살았던지라 서운한 마음이 들었지만 나이를 생각해야 했다. 꼭 운동을 통해서 도전할 필요는 없지 않은가. 그것을 인정해야할 나이가 되었다는 사실이 조금 아쉬웠다. 두 달 동안 인생의 또 한 고개를 넘은 기분이다.

고희가 되면서 나를 사로잡은 것은 신앙이다. 두 달이나 전신 석고를 하고 지내면서 육체에 관한 생각을 많이 했다. 생각이 아무리 형형하다 하더라도 육체는 점점 쇠약해지고 언젠가 죽음을 맞이하게 된다. 나는 어디로 가게 될 것인가. 그런 생각을 하면서 여의도순복음교회 조용기 목사님의 설교를 듣는데 이 말씀이 마음에 와 닿았다.

"세상을 다 준들 목숨 하나 잃으면 무엇을 얻으리오. 또 더디 노하는 자는 용자勇者보다 뛰어나며, 자기의 마음을 다스리는 자는 성城을 전취하는 자보다 뛰어나다."

조용기 목사님은 1983년부터 심장병어린이 수술을 지원해주어 오랫동안 알고 지냈다. 맨처음 나를 만났을 때 조목사님이 "신앙 없는 사람은 고삐 없는 말과 같다"는 말을 들려주었다. 중학교 때부터 말을 탔던 지라 그 말이 무슨 뜻인지 알 것 같았다. 고삐없는 말은 날뛰다가 결국 쓰러지게 된다. 잘 다루는 주인이 있어야 명마가 된다. 그래서 나름대로 신앙생활을 하긴 했지만 여전히 고삐를 내가 쥐고 달리는 형국이었다. 하나님께 고삐를 맡기고 따라야 하는데 마음 내키는 대로 신앙생활을 했다. 그래도 1989년에 우울증에 걸렸을 때 교회에 나가면서 많은 치유가 있었다. 1992년 여름에는 조용기 목사님을 따라 남미 선교여행을 다녀오기도 했다. 고

희가 되어 고난 중에 설교를 들으니 말씀이 귀에 쏙쏙 들어오며 마음에 감동이 왔다.

세종병원에는 전도사 한 분이 상근 중이었는데 2006년에 여자 목사님을 원목으로 모셨다. 그분이 오면서 나의 생활규범이 변하기 시작했다. 일과를 시작할 때부터 잠자리에 들 때까지 규칙적으로 기도하고 성경 읽는 일이 내게 참된 삶의 기쁨이 되었다. 바로 여의도순복음교회에서 성경공부를 시작했다. 아내와 함께 성경학교와 성경대학 과정을 착실히 수료했다. 많은 아픔을 겪었지만 그 과정에서 더욱 하나님과 가까워져서 기뻤다. 그해 겨울 장로 직분을 받았다.

국제적으로 뻗어나가는 세종

뇌졸중으로 쓰러진 1987년에 국민훈장 등 몇 개의 상을 받았는데 2006년에도 비슷한 현상이 벌어졌다. 심장수술 후 건강이 어느 정도 회복되었을 때 상복이 터져 여러 곳에 불려 다녀야 했다. 서울의대 동창회 함춘대상, 서울대학교 경영대학 AMP 대상을 한꺼번에 받으니 얼떨떨하면서도 기뻤다. 전국 여러 시도에서 명예시민증과 명예도민증을 받았고 많은 공로상과 표창장 수여도 있었다. 여러 곳에서 인정해주니 좋기도 했지만 한편으로 더 무거운 책임감을 느꼈다.

세종병원의 활동은 중단 없이 계속되었다. 무엇보다 해외 심장병 어린이 무료 수술사업이 꾸준히 이어졌다. 그 덕분에 즐거운 일이 많았다. 특히 하바롭스크시가 부천시와 자매결연을 맺은 인연으로 세종병원은 하바롭스크에 사는 선천성 심장병 어린이들을 계속 치료해주었다. 뿐만 아니라 그곳 의사들을 데려와 심장병 수술법을 전수해주었다.

하바롭스크 시의회에서는 2008년 5월 30일 나를 명예시민으로 추대해 주었다. 하바롭스크 150주년 독립기념식장에 유일한 외국인 명예시민 자격으로 가이드의 정중한 안내를 받아 식장 로열석에 앉았다.

대통령 특사의 축사가 있었고 시장, 시의회 의장 등의 축사가 있은 후 나는 "서로 배려하고 양보하여 상생하는 세상을 만들자"는 내용의 인사말을 했다. 식은 화려하면서도 정중하게 진행되었다. 식이 끝난 후 시의회 의장이 초대하는 점심 오찬장은 중국 마지막 황제의 하계별장이었던 궁전이었다. 그날을 생각하면 영광스럽기도 하지만 곤혹스러웠던 일이 떠올라 웃음이 나기도 한다.

식사 후 화장실을 가려는데 워낙 크고 방이 많아 쉽게 찾을 수가 없었다. 용변이 급해 눈에 띄는 아무 방이나 들어갔다. 그런데 일을 마친 후 나오려는데 아무리 돌려도 문이 열리지 않았다. 오래된 건물이어서 문이 고장 난 것 같았다. 가슴이 쿵 내려앉으면서 식은땀이 났다. 한참동안 문과 씨름을 하다 가까스로 화장실에서 탈출했다. 귀빈이 예고도 없이 잠적했으니 주최 측에서는 얼마나 황당했겠는가? 이리저리 찾아다니다 나를 발견한 통역사가 황급히 달려왔다.

"어떻게 된 겁니까? 오랫동안 자리를 비워서 걱정했습니다. 선생님 연설 차례인데 식이 지체되고 있습니다."

부리나케 식장으로 돌아가 모두가 어리둥절해서 지켜보는 가운데 마이크 앞에 섰다. 명예시민으로 추대해 준 하바롭스크 시의회 의원들에게 감사의 인사를 한 후 나는 선천성 심장병 아이들을 도와주게 된 동기에 대

독립 150주년 기념식장에서, 하바롭스크 명예시민증을 받고 인사하는 장면. 2009년 5월.

해 설명했다. 이어서 진수성찬을 먹은 후 용변이 보고 싶었던 사연과 함께 화장실에서 겪은 고초를 가감 없이 실토했다. 그러자 모두가 와! 하는 환성과 함께 박수갈채를 보내며 진심으로 나를 환영해 주었다. 그날 저녁 호화 유람선에 승선하여 만찬을 하면서 본 아름다운 불꽃놀이가 지금도 눈에 선하다.

해마다 5월 30일이면 하바롭스크에서 초청장이 온다. 2009년에는 아내와 아들과 함께 유람선에서 화려하게 터지는 불꽃놀이를 구경했다. 내가 오랫동안 다져놓은 병원에서 이제 아들이 활짝 꽃필 때라는 생각을 하니 뿌듯한 마음이 들었다. 어려웠던 일과 개인적으로 겪었던 고초가 하나하나 떠오르면서 만감이 교차했다. 앞으로 밤하늘의 불꽃처럼 아름다운 일만 펼쳐지기를 기원했다. 이런 여러 가지가 인연이 있어 세종병원에 오는 외국인 환자 중에 특히 러시아 환자가 많다.

2006년에 아시아태평양소아심장학회가 발족했다. 나는 우촌심뇌혈관연구재단의 이름으로 우수논문 의사에게 상금을 주기로 약속했다. 내가 병상에 있을 때 당시 학회장이었던 아산병원 박인숙 교수가 찾아왔다. 2008년 제2회 아세아태평양 소아심장학회가 제주에서 개최된다는 소식을 알려주었다. 내가 그때까지 병상에서 일어날 수 있을지 장담할 수 없는 상황인 데도 축사와 시상을 해달라고 간곡히 부탁했다. 다행히 완쾌되어 제주학회에 참석했다. 1만 달러의 장학금을 학회에 후원하여 우수논문의사에게 상금을 수여했다. 그때부터 2년마다 열리는 아세아태평양 소아심장학회에 우촌심뇌혈관연구소에서 1만 달러를 후원하고 있다.

10부

새로운
도전에 나서다

새로운
도전에 나서다

3대 의사의 길

2003년 아들 진식이 박사학위를 받던 날 감개가 무량했다. 아버지와 나에 이어 아들까지 3대가 의학의 길을 걷는다는 사실이 기뻤고, 돌아가신 아버지께 의무를 다한 것 같아 뿌듯했다.

애초에 아내는 아들이 의과대학이 아닌 공과대학에 가길 원했나. 시아버지와 남편의 고생을 옆에서 지켜본 아내는 아들만큼은 힘든 길을 가지 않길 간절히 바랐고, 나도 아내의 뜻에 동의했다. 진식이 고등학교 1학년 때 내가 쓰러졌으니 아내의 심정이 이해가 간다. 아내는 나에게 "병원을 열고 얻은 건 병 밖에 없다"고 말하기도 했다. 남편이 옆도 뒤도 돌아보지 않고 병원 일에 파묻혀 있다가 개원 5년 만에 쓰러졌으니 아들이 의사되는 걸 원할 리 없었다. 아내가 공과대학에 가라고 계속 권했지만 아들은 의과대학 진학 의사를 굽히지 않았다.

1988년 아들이 대학 원서를 쓸 때쯤 서울 공대를 나온 연년생 남동생이 미국에서 오랜만에 귀국했다. 그래서 동생과 아내와 셋이서 아들을 설득했다. 아내는 아버지가 병원 운영하면서 병을 얻고 고생한 걸 생각해보라고 말했고 동생은 공대 나와서 성공한 사람들의 사례를 들어 주었다. 셋이서 열심히 설득했지만 원서를 내는 날까지 결정을 하지 못했다.

평소에는 바빠서 아이들과 시간을 많이 보내지 못하지만 중요한 결정을 할 때는 아버지의 역할을 다하고 싶은 마음에 아들과 함께 원서를 접수하러 갔다. 결정을 미루던 아들은 원서 내는 현장에 가서 결국 본인 의사대로 의과대학으로 지망했다.

아들은 서울대 의대 입학시험을 치르고 나서 시험을 잘 못 쳤다며 걱정을 했다. 막내 동생 영호가 "아빠 삼형제가 모두 재수를 하여 서울대에 들어갔는데, 네가 바로 합격을 하면 우리 집 전통을 깨는 것 아니냐. 재수하여 붙는 전통을 따르면 되니 크게 실망하지 마라"며 농담 섞인 위로를 했다. 공과대학에 가라고 권했으면서도 아들이 의과대학 시험을 못 쳤다는 말에 모두들 걱정을 했다. 가족들 모두 조마조마한 심정으로 발표를 기다렸고, 아들은 재수할 각오를 하고 있었다.

결과는 합격이었다. 정작 아들이 합격하자 모두들 몹시 기뻐했다. 동생은 "네가 재수 안하고 합격해서 우리 집안 전통을 깨고 말았구나!" 라고 말해 다같이 웃었다.

지금 생각하면 아들이 의과대학에 진학한 건 참으로 잘한 일이다. 아들은 공부를 잘 마치고 서울대병원 교수로 정진했다. 나도 개원하지 않았더라면 교수생활을 하다가 은퇴했을 것이다. 아들이 교수로 열심히 활동하는 것이 자랑스러웠다.

나중에 아들에게 의과대학을 선택하게 된 계기를 물어봤더니 어릴 때 할머니가 "너는 의사가 되어야 한다"는 얘기를 자주하셔서 자연스럽게 의사의 꿈을 꾸게 되었다고 했다. 그런데 우리가 공과대학 진학을 권할 때 물리와 수학을 좋아하니 공대도 좋겠다고 생각했단다. 하지만 마지막에 '내가 정말 좋아하는 게 뭐지, 보람 있는 게 뭘까' 생각했을 때 어릴 때부터 꿈꾼 의사라는 직업을 통해 보람과 사명감을 느끼고 싶었단다.

나는 내심 그런 아들이 대견했다. 할아버지와 아버지의 일을 인정하고 존경한다는 의미여서 보람과 자부심을 느꼈다. 할아버지, 아들, 손자 삼대가 생명을 지키는 의사가 된다는 것은 영광스러운 일이다.

2002년 경 그 어느 때보다 아들과 진지한 대화를 나누었다. 의약분업이 실시되면서 의사 몇 명이 병원을 그만 두어 새로 의사를 뽑아야 했으나 개업붐이 일어서 의사를 구하기가 힘들었다. 내심 군의관으로 근무 중인 아들이 2003년에 제대를 하면 세종병원으로 와주길 바라는 마음이었다. 내가 나이가 더 들었을 때 병원을 책임질 사람도 필요했다. 그동안 병원 운영을 하면서 겪었던 에피소드와 생전에 내가 하고 싶은 꿈 이야기를 꺼냈다.

"국내에서 가장 앞서 가는 전문병원들이 모여 큰 병원을 능가하고, 세계에서 가장 앞서 가는 최고의 병원을 설립하는 게 나의 마지막 꿈이다."

내 얘기를 다 들은 아들은 자신과는 상관없는 일이라는 듯 말했다.

"아버지! 아버지께서 원하시는 꿈이 꼭 이루어지기를 기원합니다. 그동안 큰일을 이루어오셨는데 잘 해나가실 겁니다. 이제는 혼자 끌어가는 시대가 아니라 협력의 시대라는 것만 말씀드리고 싶습니다."

2017년 3월 개원한 메디플렉스 세종병원

그 속에는 많은 의미가 담겨 있었다. 그동안 나의 말은 곧 법이었다. 병원에서나 집에서나 내가 명령을 내리면 직원이나 가족들이 내 말을 따라야 했다. 아들은 '아버지가 독재자'라는 말을 하고 싶었는지도 모른다. 교수로서의 꿈도 있지만 우리 병원으로 오면 내 뜻에 따라야 하는 것 때문에 결정을 못하는 건지도 몰랐다. 속으로 그렇게 생각했을 뿐, 아들에게 아무 말도 하지 못했다. 많은 생각이 교차했다.

그날 "하나님! 저의 독재 때문에 직원들에게 상처주었던 것을 용서해 주십시오. 가족들 마음을 아프게 한 것을 용서해주십시오"라고 기도를 드렸다. 아내에게 "진식이가 우리 병원에 왔으면 좋겠다"고 하자 이렇게 말했다.

"이 고생구덩이에 와서 애쓸 것을 생각하면 교수로 연구하면서 사는 게 좋겠고, 병원을 생각하면 와서 잘 해주길 바라는 마음이고, 나도 어떤 게 진식이에게 좋을지 잘 모르겠어요. 우리는 강요하지 말고 본인의 뜻을 존중해 주는 게 좋겠어요."

몇 년이 지난 2007년에 아들의 눈치를 보면서 "우리 병원으로 오지 않겠냐"고 넌지시 말했다. 아들은 여전히 "교수 생활하는 것이 좋습니다. 지금 생활에 만족합니다"라고 답했다. 고개를 끄덕이며 "그렇게 하라"고 말했다. 수련과정을 다 마치고 정식으로 교수가 되어 열심히 뻗어가는 아들에게 더 이상 요청할 수 없었다.

이제 병원경영인을 밖에서 찾는 수밖에 없었다. 70세가 되기 전에 전문경영인을 찾기로 했다. 아들이 병원을 맡아주길 바라는 이유가 있었다. 다른 사람이 경영을 맡으면 심장전문병원을 계속 이어가기 힘들 것 같아서였다. 아들은 마침 심장내과를 전공한 데다 실력이 있어 누구보다도 적임자이건만 거절을 하니 아버지인 나로서도 어쩔 수 없었다. 공개적으로 운영할 사람을 찾기로 했다. 그런데 2008년 여름, 아들이 "9월부터 세종병원으로 오겠다"고 말했다. 그날 아내와 함께 감격의 기쁨을 나누었다.

나중에서야 알았지만 내가 첫 번째 요청할 때 아들은 아직 자격을 갖추지 못했다는 생각에 거절했다고 한다. 전문의를 막 딴 상태여서 자신이 세종병원에 큰 도움이 안 될 거라고 판단한 것이다. 다시 요청했을 때는 아들이 전문의를 따고 펠로우로 2년 지낸 후 서울대 교수로 발령받아 2년을 근무한 상황이었다. 그 시점에서 내가 또다시 와달라고 하자 심사숙고하다가 결정을 내린 것이다.

나의 제의를 2번씩이나 거절했을 때 섭섭했으나 아들의 깊은 뜻을 알고 나니 오히려 고마운 마음이 들었다. 서울대병원에서 수련의 5년, 펠로우 2년, 교수 3년 6개월, 모두 합쳐 10년 6개월간 충분한 훈련을 쌓은 상태이니 우리 병원으로서는 아주 잘된 일이었다. 서울대학교 의과대학 교수로 재직하면서 학자의 길을 걷던 아들이 나의 권유에 2008년 9월 세종병원으로 자리를 옮기게 되었다.

아들의 세 가지 계획

내가 아들을 세종병원으로 영입한 것은 우리 병원에 꼭 필요한 인재였기 때문이다. 나는 심장외과 전공인데 아들은 누가 시킨 것도 아니건만 심장내과를 전공했다. 심장내과는 과학적인 추론과 일치하는 분야여서 선택했다고 한다. 병에 따라 원인을 알 수 없는 경우가 있지만 심장은 정확한 판단과 정교한 시술을 할 수 있기 때문이라는 것이다. 세종병원의 외과 수술 실력은 자타공인 최고인만큼 심장내과를 좀 더 활성화해야 할 시점에 아들이 온 것이다.

아들은 '심장내과 의사 겸 기획실장'이라는 직책으로 부임했다. 아들이 부임하면서 아내가 이사장 자리에 올랐다. 나는 아들이 우리 병원에 왔을 때 딱 두 가지를 부탁하고, 일체 간섭 하지 않기로 마음먹었다.

"국내 선천성 심장병 아이들은 치료가 끝나 외국 아이들을 도와주고 있는데 계속 이어가면 좋겠다. 어른 심장병은 예방사업을 잘 해주길 바란다.

어른 심장은 자네가 더 잘 아니 효율적으로 발전시켜 나가리라 믿는다."

아들은 고개를 끄덕이면서 이런 인사를 전했다.

"청소년 시절 아버지는 승마를 배우셨지요. 말을 타고 광야를 누비고 싶으셨던 게 꿈이셨습니다. 그때 얻으신 것이 도전 정신입니다. 아버지께서는 그 신념 하나로 다들 만류하는 심장전문병원인 세종병원을 설립하셨습니다. 그동안 국내 방방곡곡을 돌고, 또 국경을 넘어 동남아로 동북아로, 선천성 심장병으로 죽어가는 어린 생명들을 살려내신 수효가 국내외를 합쳐 현재 2만 5,000명에 이릅니다. 세종병원에서 일하게 된 것이 저로서는 다시없는 영광입니다. 세종병원을 설립하시고 온갖 고난 속에서도 이끌어오신 부모님의 아들로 태어난 것을 하나님의 축복이라고 생각합니다. 열심히 일해 은혜를 갚겠습니다."

자신의 각오를 야무지게 밝혔다.

"세상은 하루가 다르게 변하고 있습니다. 리더나 선구자가 이끌어 가던 시대도 지나갔습니다. 지금은 오케스트라Orchestra의 시대입니다. 이제 세종병원은 세종의료관현악단이 되어야 합니다. 따라서 세종가족 700명은 연주가들입니다. 연주가들이 원하는 명곡을 훌륭히 연주할 수 있도록 보살피는 것, 이것이 지휘자, 곧 지도자의 몫이라고 생각합니다. 우리는 벌에게서 협동하는 법을 배워야 합니다. 벌들은 협동하지 않고는 아무것도 얻지 못한다는 것을 행동으로 보여주고 있습니다. 이런 협동을 바탕으로 우리 세종병원도 변화해야한다고 생각합니다."

올바른 진단이었다. 내가 병원을 설립하여 열심히 달려왔고 아내가 중간에 들어와서 병원을 다져놓은 상황이었다. 이제 아들이 변화를 추구해야 할 시점이 된 것이다. 나는 아들이 마음껏 변화해 나가길 바라는 마음 간절했다. 아들은 '세종병원의 시급한 과제 3가지'가 있다고 했다.

"첫째, 미션mission과 비전vision의 확립입니다. 30년 전 아버지께서 병원을 세우실 당시에 목표하셨던 '국내최고의 심장전문병원' 목표는 이미 달성되었지만, 새로운 목표가 설정되지 않아 목표의식과 추진력이 약해진 것 같습니다. 직원 모두의 뜻을 모아 새로운 비전을 설정하고 다시 한 번 도약을 해야 할 때입니다.

둘째, 전산화의 마지막 단계인 병원정보화 시스템Hospital information system을 도입하는 일입니다. 30~40억 원 정도 소요되는 사업으로 세종가족 전원이 협동해야 하는 과업입니다. 비록 병원 규모는 작지만, 심장 하나로 아시아의 명문이 된 세종병원이 세계적인 병원으로 도약하기 위해, 그리고 앞으로 확장될 병원의 체계적인 관리를 위해 반드시 올라서야 할 계단입니다.

셋째, 국제의료기관인증인 JCI입니다. 우리 자신을 국제표준Global standard의 잣대로 객관적인 평가를 해보고, 명실공이 국제적인 병원이 되기 위해서는 반드시 통과해야 하는 과정입니다"

아들의 말에 나는 고개를 끄덕이며 얼마든지 뜻을 펼치라고 말했다. 아들이 추진하겠다는 정책에 믿음이 갔다.

아들의 강점은 인성이다. 자식 자랑이 아닌 객관적으로 살펴봤을 때 그 점이 가장 눈에 띄었다. 700명의 직원을 거느리려면 그만한 그릇이 되어야 하는데 아들의 원만한 성격이 장점으로 작용했다. 아들은 자랄 때부터 모든 면에서 다른 사람의 모범이 될 정도로 어긋난 행동을 하지 않았다. 결혼

이후 부부 사이도 원만하고 자녀들의 교육도 잘 해냈다. 든든하고 원만한 아들이 열성적으로 일을 시작했다.

심장외과와 심장내과의 환상조합

서울대병원에서 10년 넘게 근무한 아들은 객관적인 잣대로 세종병원을 분석했다. 서울대병원을 비롯한 대형병원은 모든 과가 동등한 실력과 시설을 갖추고 모든 종류의 중증환자를 관리한다. 아들은 심장전문 병원인 세종병원이 그 병원들보다 나은 점이 있다고 했다.

"세종병원은 심장환자를 위한 진료시스템이 집중적으로 잘 갖춰져 있습니다. 응급실, 중환자실, 입원실까지 모든 시설이 심장환자를 위해 완벽

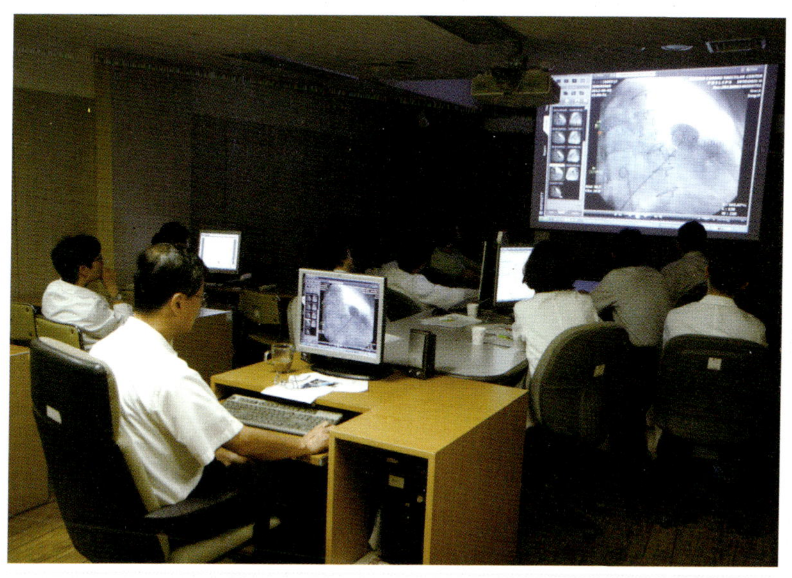

세종병원의 협진 컨퍼런스 모습

히 구성되어 있는 점이 세종병원의 장점입니다. 다만 심장외과가 강한 반면 심장내과가 상대적으로 약합니다."

심장내과 전문의인 아들은 서울대병원에서 10년 넘게 근무하면서 심장내과의 트렌드를 잘 알고 있었다. 선진국 병원은 심장내과 의사 10명에 흉부외과의사가 2~3명 정도 비율이었다. 아들이 세종병원으로 온 2008년에 심장외과 의사는 6명 심장내과 의사는 8명이었다. 상대적으로 심장내과의 비중이 약했다. 2018년 3월에는 세종병원그룹의 흉부외과 전문는 11명, 심장내과 전문의는 31명, 소아심장전문의는 8명으로 늘어났다.

이들이 연간 1,000여 건의 심장 수술과 6,000여 건의 심장혈관 촬영검사를 소화하고 있다.

아들은 흉부외과가 어려운 수술을 책임져 주기때문에 심장내과의 성장 기반이 탄탄하다고 평가했다. 현재 세종병원의 흉부외과 수준이면 심장내과가 앞으로 2배 이상 더 성장할 수 있다는 것이다. 새로운 치료 영역들이 많이 생기고 있어 심장내과가 더 확장될 예정이다.

심장내과가 강화되면서 2011년에 하이브리드 수술실을 열어 협동진료의 효율성을 더 높였다. 하이브리드 수술실은 내과적 중재시술과 수술적 치료를 동시에 할 수 있는 곳이다. 두 가지 치료를 동시에 하지 않으면 시행할 수 없는, 한 차원 높은 수준의 치료를 하는 공간이다. 이곳에서 기존의 중재술과 수술로 나뉘어있던 치료 영역을 하나로 묶어주는 '융합'을 실현하고 있다.

좀더 자세히 설명하자면 하이브리드실은 외과와 내과가 수술과 시술을 함께하는 곳이다. 예를 들어 혈관을 통해 대동맥판막을 이식할 경우, 우선

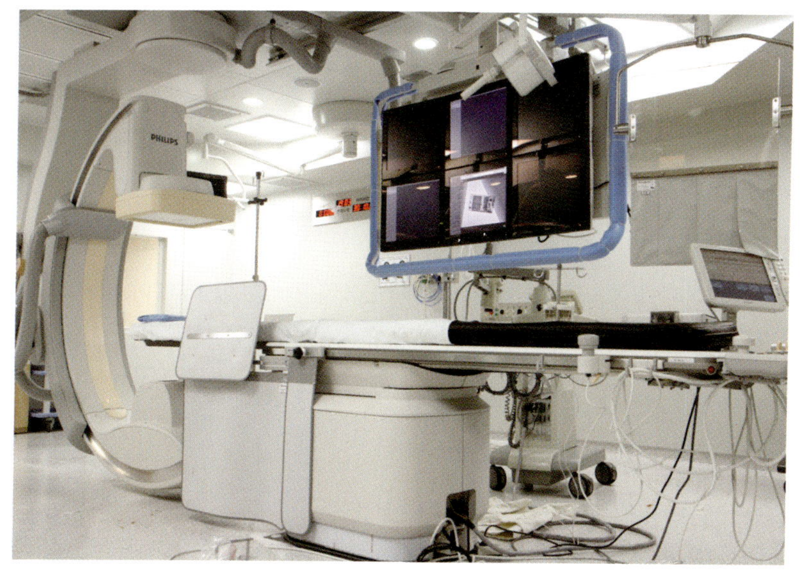

하이브리드 수술실

외과의사가 가슴에 작은 절개를 하고 좌심실에 구멍을 만들어두면, 내과의사가 이를 통해 판막을 정확한 위치에 이식한다. 외과의사와 내과의사의 협진으로 더 안전한 수술을 할 수 있는 것이다.

예전에는 시술이 어려울 경우 수술을 했다. 예를 들어 혈관에 병이 많아 관을 넣을 수 없으면 아예 수술을 했다. 하지만 이제 관이 들어갈 수 없는 부분을 찾아내 그 부분만 작게 수술을 하여 길을 만들면 큰 수술을 하지 않아도 된다. 그렇게 되면 심장내과가 흉부외과 수술 보조를 하는 것으로 비칠 수도 있다. 과끼리 자존심 대결로 가면 "왜 우리가 보조를 해야 하나. 그냥 나한테 보내라"라는 사태가 벌어진다.

하지만 세종병원은 출발 때부터 협진시스템이 갖춰져 있어 하이브리드실이 잘 운영되고 있다. 흉부외과, 심장내과, 소아과, 마취과, 영상의학과가 하나로 움직여왔기 때문에 협진 체계는 우리나라 어떤 병원보다 잘 되어 있다. 아들은 세종병원 문화가 좋아서 앞으로 발전가능성이 많다고 진단했다.

우리나라에서 가장 먼저 하이브리드실을 만든 곳은 세브란스병원이고 그 다음에 세종병원이 개설했다. 하이브리드로 치료할 영역이 많은 건 아니지만 시술과 수술을 함께 해야 할 경우 유용한 시스템이다. 아들이 내과 분야에 정통하여 나의 꿈인 '심장병 없는 세상'을 만드는데 더 기여할 수 있게 되어 매우 행복하다. 세종병원에서는 로봇수술실도 개설하여 함께 운영하면서 더욱 수술에 만전을 기하고 있다.

비전 2020, 공감의 시대

아들은 부임 이후 바쁜 가운데서 자신이 하겠다고 약속한 세 가지를 잊지 않고 수행해 나갔다. 첫 번째 약속이 비전작업이다. 아들이 부임하기 3년 전부터 내가 비전작업을 하고 있었다. 내가 비전을 정하고 행동지침까지 만들어서 '이렇게 하라'고 지시를 내렸지만 잘 실행되지 않았다. 아들이 다시 비전수립에 들어가는 걸 나는 지켜보고 있었다.

아들이 세종병원에 와서 느낀 분위기가 궁금했다. 나는 병원이 안정적으로 가고 있다고 생각했지만 아들이 보는 눈은 달랐다. 구성원들이 병원을 사랑하고 좋아하지만 약간 침체된 분위기라는 것이다. 1982년에 설립하여 계속 빠른 속도로 발전해왔으나 1990년대 중반부터 발전 속도가 더디어진 게 원인이었다. 소아심장 환자가 줄어든 상황에서 성인심장이 발

비전선포식

전해야 하는데 그때쯤 대형병원에 심장센터가 많이 생긴 것이다. 미래 비전을 세웠지만 공감하지 못하면서 추진이 안 되는 상황이었다. 아들의 진단을 들으니 고개가 끄덕여졌다.

아들은 '비전은 공감을 얻지 못하면 추진력이 생기지 않는다'는 생각에서 전체직원을 비전수립에 참여시켰다. 700여 명의 직원들에게 설문지를 돌렸을 때 98%가 응답했다. 아들은 설문지를 다 분석하느라 힘들었지만 전 직원의 의견을 진솔하게 경청할 수 있는 좋은 기회였다고 했다. 설문지를 분석하여 실행과정을 만드는 일은 한국방송통신대학교 경영학과 교수의 도움을 받았다. 아들이 군의관으로 근무할 때 친구와 함께 방통대 경영학과에 들어갔는데 그때 배운 경영학이 병원을 운영하는데 많은 도움이 된다고 한다.

미션을 수립할 때 아들은 나와 전혀 다른 방식으로 접근했다. 핵심간부들에게 '미션을 어떻게 하면 좋겠는가'라는 숙제를 냈다. 그러면 간부들이 직원들과의 의논을 거쳐 수립한 미션을 제출했다. 여러 부서에서 받은 의견을 간부들과 토의를 해서 큰 주제를 정했다. 그런 다음 실천방안을 만들 때는 다시 각 부서에서 논의하는 방식이었다. 아래위로 소통이 잘 된 것이다. 직원들이 직접 나선만큼 실현 가능한 답변들이 많이 나왔다. 전체 의견을 통합하여 최종 미션과 실천방안을 정해 '2020 비전안'을 만들었다.

내가 만든 미션과 직원들과 논의하여 만든 아들의 미션이 많이 달랐다. 나는 '봉사, 창의, 인화'라는 원훈과 몇 가지 실천사항을 정했는데 아들은 미션을 '건강하고 행복한 미래', 그랜드 비전은 '아시아 최고의 심뇌혈관센터'로 정했다. 구체적인 핵심가치 4가지도 설정했다. 확실히 아들이 직원들과 함께 만든 것이 디테일하면서 정감 있었다.

위에서 지시하면 아래에서 복종하던 시대가 모두가 협의하여 방안을 만들어 내는 시대로 바

Mission 건강하고 행복한 미래
Vision 아시아 최고의 심뇌혈관센터

- 고객이 신뢰하고 만족하는 병원
- 미래의료를 선도하는 심뇌혈관 전문 종합병원
- 항상 도전하고 도약하는 세계인의 병원
- 모두의 꿈이 이루어지는 행복한 병원

핵심가치

▶Care 안전에 기반한 최상의 의료서비스 제공
▶Collaboration 수평적 소통과 역할 존중을 통한 협력
▶Commitment 교육, 연구, 봉사를 통한 사회적 헌신
▶Challenge 변화와 혁신을 추구하는 도전정신

SE JONG 세종병원그룹

미션과 비전

뀐 것이다. 전 직원이 함께 만든 방안이니 실천이 잘될 게 분명했다. '오케스트라 시대'라는 아들의 말이 실감났다. 나는 아들의 행보를 보고 흐뭇한 미소를 지었다.

전산화작업과 JCI 인증

아들은 서울대병원에 재직할 때 심장내과 레지던트 가운데서 선발되어 내과 전체 전산화작업을 담당했다. 병원에서는 내과가 가장 규모가 큰 데 그곳에서 실무를 닦은 것이다. 제일 아래 차수여서 위의 교수들이 시킨 일을 다 맡아서 했다. 아들은 그때 쌓은 경험을 세종병원 전산화 작업에 고스란히 투입할 예정이었다.

1년이 넘는 기간 동안 전산화 작업을 추진하는데 드는 비용을 30억 원으로 예상했으나 10억 원이 더 추가 되었다. 사실 세종병원 정도의 규모로는 벅찬 투자였다. 지나놓고 보니 대단히 잘한 일이다. 당시로서는 시급한 일이 아니었지만 아들이 미래를 내다보고 시도할 때 과감하게 밀어준 것이 다행스럽다.

전사적으로 전산화 작업을 해놓고 보니 병원 운영 관련 문제가 정확하게 드러났다. 원인을 찾아 한 달에 한 번 성과분석을 했다. 실제 자료를 바탕으로 대책을 세우고 그 결과를 바로 다음 달에 확인할 수 있으니 문제가 속히 개선되었다. 모든 것을 통계로 말하고, 그로 인해 실적이 나니 의사들도 아들을 신뢰하게 되었다. 회장 아들이 병원에 들어온 것을 다소 고깝게 생각했던 사람들도 아들이 자료를 갖고 대화에 임하니 자세가 달라졌다. 아들은 반드시 근거를 갖고 일을 시작했다. 두루뭉술하게 지나갔던 앞 세

2017년 심장전문병원 최초 JCI인증 3주기 연속 획득

대와 확실히 다른 모습이다.

전산화는 곧바로 실적개선으로 나타났다. 전산화 1년 만에 외래환자가 30% 정도 늘어났다. 전산화로 원인을 파악한 데다 아들이 부임한 후 실력 있는 의사를 많이 영입한 덕분이다. 아들이 현장에서 활발하게 뛰는 의사여서 좋은 의사를 많이 스카우트 할 수 있었다.

'국제적인 병원이 되기 위해서는 반드시 통과해야 하는 과정'이라고 강조했던 JCI(국제의료기관평가기구)를 2년 만에 통과했다. 아들은 2년이라는 준비기간을 거쳐 2011년 11월 11일, JCI로부터 최종인증을 받았다. JCI는 진료환경 평가를 통해 '환자가 질 높은 진료를 받을 수 있는 병원인지 판단하고 인증해 주는 기관'이다. JCI는 미국병원을 평가하는 비영리단체로 미국병원협회에서 만든 기구이다. 다양한 문화와 경제적 상황 속에서 이루어지는 진료 절차를 객관적으로 검증하고, 개선점을 제시함으로써 의료기관의 수준 향상에 기여하고 있다.

JCI의 인증을 받기 위해서는 1,000개가 넘는 항목에 대해 평가를 받아야 하며, 이 과정에서 병원의 전체적인 '체질개선'이 이루어진다. 세종병원은 14개 분야 1,221개 항목에서 97% 이상을 충족해 최우수 평가점수로 JCI 인증을 받았다. 이로써 세종병원은 안전한 환경에서 국제의료서비스를 제공하는 병원임을 전 세계적으로 인정받게 되었다. 그동안 일반적인 기준으로 보아 부족함이 없는 병원이라 자부했지만, 공식적으로 확고한 자격을 얻으니 더 마음이 든든했다.

JCI 인증이 해외한자 유치를 위한 경영수단이라며 대수롭지 않게 생각하던 직원들도 인증과정을 통해 한 차원 높아진 병원 시스템을 보면서 동참하기 시작했다. JCI 인증은 단순히 병원 홍보의 수단이 아닌 국제표준 의료서비스를 제공하고자 하는 세종병원의 의지이자 비전이다. 모든 직원이 2년간 JCI 인증을 준비해 온 과정을 생활화, 습관화함으로써 세계와 경쟁하는 심장전문종합병원으로 발돋움하는 계기가 되었다. JCI 인증과정을 통해서 모든 직원의 수준이 몇 단계 발전했다. 더욱 기쁜 것은 2014년 재인증에 성공한 이래 계속 국제 표준에 맞는 병원이라는 위상을 갖게 되었다는 점이다.

국제적인 병원이라는 증거는 해외 환자들이 많이 찾는 일로 증명되고 있다. 세종병원은 1989년부터 27개국을 대상으로 해외 심장병 어린이 수술을 지원하며 해당 국가들로부터 심장병 전문 의료기관이라는 명성을 쌓아왔다. 이러한 명성아래 병원을 찾는 외국인 환자들이 늘어남에 따라 2010년 국내 병원 최초로 국제의료 전용 병동을 오픈했다.

부단한 노력가운데 변화하는 세종병원을 찾는 해외 환자의 수가 급증하고 있다. 2010년에는 297명에 불과했으나 2017년까지 러시아, 카자흐스탄, 몽골, 중국, 미국. 필리핀, 말레이시아, 스리랑카 등지에서 1만 9,289명이 세종병원을 찾아왔다.

이러한 결과가 나온 것은 세종병원을 대내외적으로 알리는 한편 국제적인 협력 네트워크를 만들기 위해 다방면으로 노력한 덕분이다. 그중의 하나가 2010년 150년의 역사를 자랑하는 미국 최고 의과대학 중 하나인 필라델피아의 드렉셀대학 의과대학과 상호 협력과 교류에 대한 MOU(양해각서)를 맺은 일이다. 이 MOU를 토대로 현재 매월 웹 컨퍼런스Web conference를 개최하여 서로의 의학적 경험을 공유하고 있다. 또한 세종병원 내과 전공의들이 드렉셀 의과대의 주교육병원인 하네만 병원에서 해외파견근무 및 수련과정을 받고 있다. 세종병원 심장내과 전문의 5명이 드렉셀 의과대학 협력임상조교수로 임용되기도 했다. 앞으로 미국 의과대학생이 세종병원으로 파견 나와 한국의 의료시스템을 체험하고 배워가게 된다.

2015년 미국 내 전국 우수 병원 중 하나로 선정된 LA 어린이병원과 세종병원은 노하우를 공유하며 양적, 질적으로 성장하기 위한 노력을 함께하고 있다. 2016년에는 미국 LA 어린이병원과 상호교류를 위한 업무협약을 체결했다.

2017년 12월에 아랍에미리트UAE 샤르자 지역 투자개발청, UAE 자본계 투자회사인 REI홀딩 그룹과 협약을 체결했다. 이 협약은 아랍에미리트 샤르자 지역 현지 병원 진출의 초석을 다지기 위한 것이다. 협약을 기점으로 REI 홀딩그룹과 혜원의료재단 세종병원은 샤르자 지역에 의료관광객을 위한 메디컬 콤플렉스 건립을 논의할 예정이다. 건립 추진이 확정되면 샤르자 투자청은 해당 프로젝트를 지원하게 된다.

해외 유명병원들과 계속적인 교류를 하며 외국인 환자들에게 최상의 의료서비스를 계속 제공할 계획이다. 메디플렉스 세종병원을 기반으로 아시아 의료허브로 도약하려는 것이 앞으로의 계획이다.

수치가 증명하는 세종병원

우리가 아무리 우수한 병원이라고 주장해도 세상이 인정하지 않으면 소용이 없다. 수치가 실력을 대변하는 건 아니지만 좋은 평가가 나오면 사기가 올라가고 보람도 느껴진다.

세종병원은 보건복지부에서 지정한 국내 유일의 심장전문병원으로 최단기간 심장수술 2만례를 달성했다. 30년의 경험과 실력을 바탕으로 연간 1,000건이 넘는 심장수술과 4-5천건의 심혈관촬영술 등 단일 민간의료기관으로는 국내 최다 수술 및 시술 건수를 기록했다.

특히 심장혈관 스탠트 중재 시술뿐 아니라 경피적 대동맥판막 치환술, 관상동맥우회술, 부정맥 치료, 수술용 로봇 이용 심장 수술, 3차원 내시경 이용 심장 수술, 성인 및 소아심장 중재술, 심장이식 수술에 이르기까지 독보적인 치료 경험을 보유하고 있다. 세종병원의 심장수술 성공률은

99.6%에 달한다.

병원 규모는 작지만 총 병상 대비 중환자실의 병상 비율이 높고, 전국의 대학병원으로부터 까다로운 환자의 수술을 의뢰받는 등 2차 의료기관의 역할을 충실히 하고 있다.

협동진료를 최고의 덕목으로 생각하는 세종병원은 당장 수술을 주도할 수 있는 심장내과, 흉부외과, 소아청소년과, 응급의학과 스태프가 365일 24시간 상주하고 있다. 필요할 때마다 즉시 협진이 이루어짐은 물론, 시술이나 수술이 항시 가능한 시스템을 가동하고 있다. 이런 시스템은 많은 비용이 들기 때문에 국내 어떤 병원에서도 시행하지 못하고 있다.

세종병원의 위상은 각종 공인기록이 보증한다. 세종병원은 한국심장재단이 국내 61개 병원을 대상으로 실시한 심장수술 성공률 평가조사에서 2001년부터 4년 연속 1위를 차지했다.

건강보험심사평가원이 발표한 병원평가 자료에 의하면 2005년 '전국에서 급성심근경색 사망률이 낮은 병원' 77곳 중 2위, 2011년 심장환자들이 가장 많이 찾는 병원 3위, 2013년 '급성심근경색증 1등급 병원'에 올랐다. 관상동맥우회술 분야에서는 9년 연속 최고 등급인 1등급 병원으로 선정되었다.

2014년 법무부 '의료관광 우수 유치기관'으로 선정되었고, 2015년 경기도 내 국제의료발전에 기여한 공으로 '경기도지사 국제의료사업 유공' 표창장을 받았다. 해외 환자 유치에 대한 공로를 인정받아 '2015 바이오 메디컬 코리아' 국무총리상 표창을 받으며 대표적인 외국인 환자 전문 의료기관으로 자리매김했다.

세종병원은 전문적인 간호 서비스와 안전하고 쾌적한 병실환경 조성을 위해 모든 병상에 보호자가 상주하지 않아도 되는 간호·간병통합서비스를 제공하고 있다. 그 공로로 2015년 보건복지부장관 표창을 받았고, 2016년 국민건강보험공단 지정 7대 간호·간병통합서비스 선도병원으로 선정되었다.

세종병원은 적극적으로 해외환자를 유치하고 전문병원의 성공 모델을 제시한 공로를 인정받아 '2016 코리아 헬스케어 병원 부문' 수상의 영광을 안았다. 또한 한국 의료 세계화와 의료관광 활성화에 기여한 공로로 'MEDICAL ASIA 2017 글로벌 헬스케어 혁신 부문 대상'을 수상했다. 외국과의 학술교류 및 한국의료 발전과 의료서비스 산업 발전에 이바지한 공으로 '글로벌 헬스케어 보건복지부장관상'도 수상했다. 계속해서 평가 기관으로부터 최상위 등급과 최상급 평가를 받는 것은 최고를 향한 전직원의 부단한 노력의 결실이다.

세종병원은 또한 무수혈센터와 뇌혈관센터, 재활치료센터, 인공관절센터, 건강증진센터 등의 연관 특화센터를 중심으로 심장혈관에 생기는 문제를 안전하게 개선할 수 있는 토털 케어 서비스를 제공하고 있다. 토털 케어 서비스를 제공하기 위해 24개의 전문 진료과가 유기적으로 협진을 한다. 심장병은 일반적으로 당뇨, 고혈압, 고지혈증, 만성콩팥병 등 성인병과 관련한 위험 인자를 동반한다. 세종병원은 아시아 최고의 심장질환과 뇌혈관질환 전문병원을 목표로 열심히 달리고 있다.

수치를 숨 가쁘게 읊었지만 결국은 실력과 사랑이 기본이 되어야 한다.

지난 30년 동안 최고의 실력을 쌓으며 사랑을 베풀었다는 것이 세종인들의 자랑이자 자부심이다.

대한민국 의료수출을 위한 노력

우리나라의 최대 자원은 우수한 인재이다. 국토가 좁고 자원이 없는 나라인 만큼 최대한 해외로 뻗어나가야 한다. 세종병원도 그 사실을 늘 염두에 두고 있다.

2010년 10월에 중앙아시아에서 가장 큰 공화국이자 세계에서 가장 큰 내륙국인 카자흐스탄에서 합작병원을 만들자는 제안이 왔다. 결론부터 말하자면 현재 병원 건립이 중단된 상태이다. 그렇더라도 세종병원으로 그런 제안이 온 것은 무료수술을 통한 의료나눔 활동을 해외에서 높이 샀기 때문이다.

당시 진행상황을 살펴보자면 2010년 10월 이후 양 기관의 관계자들이 합작병원 설립을 논의하고자 한국과 카자흐스탄을 오가며 수차례 회의를 진행했다. 카자흐스탄의 한 법인회사는 세종병원과 똑같은 심장혈관 전문 종합병원 설립을 원했다. 약 10개월간의 논의 끝에 2011년 8월 '세종 유라시아 병원'을 설립하기로 합의하고 계약을 체결했다. 카자흐스탄의 알란넷시스템스 법인에서 100% 투자를 하고 우리는 세종병원의 시스템을 접목시켜 운영에 도움을 주기로 했다. 의사, 간호사, 의료기사들의 교육을 맡는 대신 매출액의 5%를 로열티로 받는 조건이었다.

8월 23일부터 25일까지 이명박 대통령과 진수희 복지부 장관이 중앙아시아를 방문했다. 양국 복지부 장관의 참석아래 세종병원과 알란넷시스템스 대표가 마주앉아 '세종병원 브랜드 수출 계약서'를 작성했다. 보건복지부에서 이 계약에 대해 '대한민국 의료수출 제1호'임을 공식 인정해 주었다.

이명박 대통령이 귀국할 때 카자흐스탄의 어린이 한명을 데려왔다. 세종병원에서 정성껏 치료하여 완쾌한 어린이는 환한 얼굴로 귀국 비행기에 올랐다. 1983년 레이건 대통령 부부가 우리나라 심장병 어린이와 함께 비행기 트랩을 오르던 모습이 떠올랐다. 대한민국 의료기술 발전과 높아진 국가 위상에 뿌듯함이 밀려왔다.

이후 알란넷시스템스 법인이 병원 부지를 확보하고 본격적인 실행에 나서는 듯 했으나 중단되고 말았다. 자금 사정 때문인지 진행이 되지 않아 안타까운 마음이다. 준비가 된다면 언제든 우리의 시스템을 접목시켜 도움을 주고 싶다.

2020년까지 아시아 최고 심뇌혈관센터의 비전을 달성하기 위해서는 해외진출을 통해 국제적인 인지도를 쌓아야 한다. 그래서 2009년 비전수립 이후 꾸준히 해외진출 가능성을 검토해왔다. 점차 세종병원과 병원 운영을 함께 하고 싶다는 해외 업체가 늘어나고 있다. 사우디아라비아, 카자흐스탄, 러시아, 베트남, 몽골, 타일랜드 그리고 중국까지 세계 각국으로부터 병원설립을 위한 자문요청과 공동운영에 대한 제안이 들어오고 있다.

세종병원으로 의뢰가 많이 오는 이유는 해외 어린이 1,458명의 무료수술 건이 소문난 덕분이다. 우리가 가만히 있어도 심장병원을 지을 예정인데 참여해달라는 역제안이 온다. 중국 심천과 베트남의 심장병원 건립 건은 역제안으로 인해 일이 진행되는 중이다. 해외에 선천성 심장병 어린이가 많기 때문에 심장병원이 꼭 필요한 상황이다. 우리의 의술로 아이들을 치료할 수 있으면 더할 나위 없이 기쁠 것이다.

의료 기술이 낙후된 나라에 병원을 짓고 해외 의사들에게 우리의 의술을 전수하는 일은 앞으로도 계속될 것이다. 해외 의료기관 30여 곳과 교류를 해온 세종병원은 심장병 전문기관으로 인지도와 신뢰도가 매우 높다. '해외 의료진 연수 프로그램'을 통해 러시아, 카자흐스탄, 중국, 우즈베키스탄, 몽골 등에서 찾아온 연수생들에게 세종병원의 치료 노하우를 교육하고 한국의료 수준을 홍보해온 결실이다.

2015년에는 세네갈에서 의사와 환자가 함께 입국했다. 세네갈 의사는 우리가 그 환자를 치료하는 과정을 보면서 수술기법을 배워갔다. 중국에서는 대규모 인원이 와서 연수를 받는다. 특히 하얼빈 아동병원은 몇 십 명씩 와서 심장 수술법을 배우고 갔다.

연수를 받고 돌아가면 다들 병원 건립의 꿈을 꾼다. 여건이 조성되어 세계 곳곳에 심장전문병원이 세워지길 기대하고 있다.

심장이식수술을 재개하다

아들은 자신이 구상한 세종병원 비전을 하나하나 진행하고 있다. 일 욕심도 많고 집념도 강해 가족 돌볼 시간이 없지 않을까 걱정될 지경이다. 진료하랴 병원 운영하랴, 눈코 뜰 새 없이 바쁘게 달리는 모습을 보면 안쓰러우면서도 대견하다. 한편으로는 나 못지않게 일 욕심이 많은 아들이 기특하다.

특히 나와 약속한 해외 심장병 어린이 사업을 계속 이어가고 있어 고맙기 그지없다. 더 나아가 외국인근로자 의료서비스 지원, 노인전문병원과 노인복지시설 위탁 등 소외층을 위한 사업을 확대하고 있어 다행스럽다.

아들이 와서 많은 일을 했지만 심장이식수술을 다시 시작한 것이 특히 자랑스럽다. 세종병원이 심장전문병원으로서 심장이식수술을 중단한 것은 애석한 일이었다. 1997년 당시 심장이식수술은 의료보험 적용이 안 되었다. 수술 성공률도 50% 내외였다. 막대한 비용을 들여 수술이 성공해도 지속적으로 약을 복용하지 못해 이식 거부반응으로 사망하는 환자도 있었다. 이제 의료보험이 적용되니 비용 면에서 홀가분해졌다. 수술성공률이 90%이상이니 의료발전 속도에 놀랄 따름이다.

2015년 후반부터 심장이식수술을 다시 시작하여 지금 활발하게 진행하고 있다. 심장이식은 심장 공여자가 있어야 시행할 수 있다. 심상 공여자는 보건복지부에서 직접 관리한다. 심장이식을 신청한 순서대로 공여 받을 수 있다. 심장이식수술은 세종병원을 비롯한 서울대병원, 세브란스 병원, 아산병원, 삼성병원에서만 실시하는 고도의 수술이다. 수술 자체가 어렵고 수술 전후 여러 과가 팀워크를 이루어 한 몸으로 움직여야 한다. 내가 중단한 수술을 아들이 다시 시작하여 좋은 결과를 얻고 있으니 표현할 수 없을 정도로 기쁘다.

내과의사인 아들이 과감하게 심장이식수술을 결정한 것에 감사한 마음이다. 아들은 세종병원이 심장전문병원인 만큼 심장이식수술을 하는 건

당연하다고 말했다.

심장이 못쓰게 되면 이식이나 인공심장 밖에는 방법이 없다. 그러나 심장 공여자가 적어 급한 환자들은 초초한 나날을 보내고 있다. 기다릴 시간이 없는 환자들이 마지막으로 기대는 것이 인공심장이다. 초창기에 우리 병원에서 단기적으로 사용할 수 있는 인공심장을 개발했으나 아들은 개발을 이어가기보다 외국에서 개발한 인공심장을 들여올 계획이라고 했다. 4~5년 정도 쓸 수 있는 인공심장이 상용화를 앞두고 있기 때문이다. 장기적으로 사용할 수 있는 인공심장이 아직 개발되지 않은 건 안타깝지만 절망적인 환자가 몇 년의 시간을 확보하여 더 나은 방법을 기다릴 수 있게 된 건 매우 다행스러운 일이다.

영구적인 인공심장이 개발되어 심장병 없는 세상이 구현되길 기대한다. 곧 그렇게 되리라고 믿는다. 심장병 없는 세상을 만드는 일에 아들이 대를 이어 헌신하는 것이 무한히 기쁘다.

뇌혈관센터를 개설하다

심장치료에 전념했던 세종병원이 2009년 뇌혈관센터를 개설하면서 제2의 도약을 본격화했다. 심장과 뇌는 밀접하게 연결되어 있어 확대를 한 것이다. 이 일 역시 아들이 부임하면서 실현된 것이다. 아들은 아시아권 최고 수준의 심·뇌혈관질환 센터를 발판으로 혈관질환 전문 종합병원 도약이라는 청사진을 완성했다. 이미 세종병원은 심평원의 급성기 뇌졸중 적정성 평가에서 1등급 판정을 받았다.

뇌혈관질환은 얼마나 빨리 병원에 도착하느냐에 따라, 또 병원 도착이

후 얼마나 신속하게 대처하는가에 따라 치료 결과가 확연히 달라지는 병이다. 세종병원에서는 24시간 전문의 직접 진료를 원칙으로, 검사에서부터 진단과 치료에 이르기까지 모든 진료과정이 3시간 안에 이뤄진다. 이른바 생명 구하기 골든타임 사수 철칙이다. 뇌졸중 집중치료실 운영과 함께 뇌졸중 전담간호사를 상주시켜 1:1 밀착형 환자 맞춤 의료서비스를 제공하고 있다.

풍부한 임상경험을 갖춘 신경과, 신경외과, 재활의학과, 마취통증의학과, 영상의학과, 정신건강의학과 등 6개 과목 전문의 통합협진 체제는 최단 시간 대응을 통해 뇌세포 손상을 최소화하는 치료를 한다.

세종병원 뇌혈관 센터의 또 다른 장점은 다른 병원과 달리 첫 진료부터 전문의가 직접 맡는다는 점이다. 응급실에서 CT, MRI 검사결과를 바탕으로 응급의학과, 영상의학과, 신경과, 신경외과 전문의간의 유기적인 협진이 이뤄지고 약물치료, 중재술 또는 수술 등 환자 개인맞춤 치료가 일사천리로 진행된다. 따라서 시간 지체로 인해 치료시기를 놓치는 경우가 거의 없다.

외래도 원스톱 진료를 철칙으로 하고 있다. 필요 시 방문 당일 CT나 MRI 검사는 물론 결과까지 바로 확인할 수 있다. 진료 당일 검사 및 시술 또는 수술이 이뤄지는 셈이다.

치명적인 뇌혈관질환을 겪은 환자는 대부분 누워서 지내기 때문에 가족들의 간병 부담이 크다. 세종병원은 이들의 간병 부담을 덜어주기 위해 '포괄간호서비스'를 제공하고 있다. 최적의 간병지원 서비스 모델을 찾기 위한 실험병동도 운영 중이다. 포괄간호서비스는 간호사와 조무사가 환자 간호는 물론 보호자(가족들)를 대신해 간병인 역할까지 도맡아 해주는 서비스다.

센터를 연 이래 각종 뇌혈관 질환자의 생존율 향상과 더불어 합병증 및 후유증을 최소화하기 위해 잠시도 한눈을 팔지 않고 있다. 환자 안전과 신뢰를 최우선 가치로 삼는 환자 중심 의료서비스를 무기로 아시아 최고의 뇌혈관센터로 자리매김하기 위해 최선을 다하고 있다.

그 결과 건강보험심사평가원에서 실시한 '2015 급성기 뇌졸중 적정성 평가' 결과 1등급을 받았다. 1시간 이내 뇌 영상검사 실시율, 5일 이내 조기 재활 평가율, 1시간 이내 정맥 내 혈전용해제 투여율 등 총 9개 평가 항목에서 모두 만점을 받아 종합점수 100점, 평가등급 1등급을 기록하며 '최우수 의료기관'으로 선정됐다. 초기 대응과 치료에서 최상의 수준을 유지하고 있음을 인정받았다.

세종병원은 항생제 사용, 주사제 처방에서도 1등급을 받으며, 감염관리와 환자 안전 분야의 우수성과 신뢰성을 공인받았다. 병원이 계속적으로 발전해 나가면서 환자 치료에 완벽을 기하는 것이 기쁘기만 하다.

최근에는 뇌졸중을 앓은 환자들의 재활과정이 중요하다는 점에 착안하여 자세한 재활지침을 담은 책을 발간했다. 우촌심뇌혈관연구재단과 세종병원이 공동사업으로 시작한 심뇌혈관시리즈 출간사업의 첫 작품으로 〈뇌졸중 거뜬히 회복하기〉를 내놓았다. 희망의 끈을 놓기 쉬운 환자와 보호자들에게 희망이 되길 바라는 마음에서 발간한 것이다.

내가 뇌졸중으로 고생했고 지금도 약간의 후유증을 겪고 있어서 뇌혈관센터가 활성화된 것이 무척 기쁘다.

메디플렉스 세종 시대를 열다

"정란희 이사장이 좀 더 빨리 우리 병원에 왔더라면 병원이 더 확장되고 대학교도 세웠을 것이다."

아내가 병원에 근무할 때 직원들 사이에 이런 얘기가 돌았다. 아내가 부임한 뒤 병원건물을 리뉴얼하고 확장하는 걸 보면서 그런 생각을 한 듯하다. 부천 세종병원이 포화상태여서 신축을 생각한 적도 있으나 1980년대 초반에 병원 짓느라 워낙 고생을 해서 엄두가 나지 않았다. 아무래도 나이가 드니 안정적인 게 좋았다. 더구나 경영 일선에서 물러났으니 확장하는 일에 관여하는 것도 무리였다.

대범한 아내와 젊은 아들이 함께 병원에 근무하면서 서로 얘기를 많이 나누더니 병원 신축을 전격 공표하고 구체적인 건축 계획을 세웠다. 일단 괜찮다는 땅이 있으면 다 둘러보았다. 전국에 안 가본 데가 없을 정도였다. 그러던 중 2012년 인천시 계양구에 4,300평 규모의 땅을 보게 되었다. 아들은 "이번에 안하면 안 된다. 더 이상 시간이 없다"며 그 땅을 사야 한다고 강조했다.

아들의 꿈은 세종병원을 아시아최고의 심뇌혈관센터로 만드는 것이다. 그 목표를 달성하려면 환자 진료량이 더 많아야 한다. 의료의 질을 결정하는 가장 중요한 요소는 진료량이다. 수술을 몇 케이스 했느냐에 따라 의료의 질이 올라가기 때문이다.

제2병원을 만들어 더 많은 환자를 치료하면 세종병원이 한 단계 업그레이드 된다는 게 아들의 판단이었다. 좋은 의료서비스의 핵심은 얼마나 많은 전문가가 있는가 하는 것이다. 전문가에 맞춰 시스템도 발전시켜 나갈 수 있다. 전문가가 많이 모이기 위해서는 환자를 더 많이 볼 수 있어야 한다. 나 역시 전문병원이 모여 종합병원을 능가하는 병원을 만드는 게 꿈이었으니 아들의 계획을 적극 지지했다.

아들은 곧바로 부지를 매입하고, 1년에 걸친 자문컨설팅을 통해 복합 전문병원의 가능성을 찾아냈다. 설계는 자연스레 둘째아들 찬식이에게 자문을 받았다. 찬식이는 연대 건축학과를 졸업하고 미시건 앤아버에서 석사를 마친 후 세계 3대 건축회사중 하나인 HOK에서 약 10년간 근무하고 있는 상태였다. 덕분에 HOK사와 설계 계약을 하고 기본설계로 견적을 받았으나 현실에 맞지 않아 이를 중단하고 찬식에게 귀국하여 도와줄 것을 요청했다. 2년 설계, 2년 공사라는 긴 기간 동안 밤낮없이 고생해준 둘째 아들의 큰 공헌 덕에 인천 계양구 작전동에 들어선 메디플렉스 세종병원이 2017년 3월에 문을 열었다. 메디플렉스는 전문병원들의 시스템이 한 곳에 통합된 종합병원으로 메디컬 컴플렉스medical + complex라는 의미를 갖고 있다. 연면적 3만 8,738㎡에 지하 2층·지상 10층 규모로 총 326병상을 갖추었다. 메디플렉스 세종병원은 감염예방에 중점을 두고, 지역사회와 소통할 수 있는 문화, 예술적 공간을 만들어냄으로써 '2017 굿디자인어워드' 산업통상자원부 장관상 뿐 아니라 아시아 3대 디자인 상중 하나인 '2017 K-디자인 어워드'에서 winner상을 수상했다.

심뇌혈관전문 세종병원을 베이스로 하여 서울여성병원과 한길안과병원의 시스템이 도입되었다. 추후 다른 전문병원들과의 협력관계도 확대해나갈 예정이다. 함께하는 병원들은 그 분야에서 실력을 인정받은 탁월한 병원들이다.

메디플렉스 세종병원은 더 나은 병원, 최고의 병원을 만들겠다는 의지에서 출발했다. 세종병원은 심장분야와 뇌혈관분야에서는 최고의 전문가가 모인 곳이다. 그런만큼 실력도 최상이다. 하지만 다른 과는 그만한 전문성을 구축하기가 어려웠다. 실력 있는 전문의를 영입해도 정착이 잘 되지 않았다. 그래서 찾은 방안이 각 분야 전문병원들과 협력을 하는 것이었다.

최고의 심장전문병원인 세종병원과 각 분야 최고의 전문병원들이 모여 메디플렉스 세종병원으로 거듭났다. 메디플렉스는 독특한 시스템으로 운영된다. 메디플렉스 세종병원 서울여성센터는 서울여성병원의 분신이다. 의사는 세종병원 소속이지만 계속 서울여성병원과 의학적 교류를 하도록 통로를 열어놓았다. 참여하는 전문병원은 자신들의 영역을 키운다는 장점이 있다. 심뇌혈관질환이 있는 산부인과 환자, 심뇌혈관질환이 있는 안과 환자, 산부인과 질환이 있는 안과환자의 치료를 함께 해나갈 수 있다.

현재 참여한 전문병원들은 세종병원이 다른 분야로 확장하기 위해 전문가를 스카우트하는 게 아니라는 걸 잘 알고 있다. 그렇기 때문에 이 시스템에 동의한 것이다. 우리나라에서 최초로 시도되는 시스템이다.

사실 메디플렉스 개념은 이미 우리가 시행을 하여 좋은 성과를 거둔 시스템이다. 2011년 김포에 있는 한 병원에서 심장혈관센터 개설에 관한 문

메디플렉스 1층 로비

의를 해왔다. 그러면서 "복잡한 중증환자를 좀 더 안전하게 치료했으면 좋겠다"고 했다. 환자를 생각하는 병원이라는 걸 알고 세종병원에서 의사, 간호사, 기사를 한 팀으로 추천, 우리병원의 시스템을 접목하는데 적극 협력 했다. 이제 그 병원의 심혈관센터는 안정이 되어 자체 운영을 하고 있다. 그 곳을 시작으로 군산, 천안등의 병원에 의료진을 파견하여 심혈관센터가 안정적으로 운영될 수 있도록 지원하고 있다.

중소병원의 어려움을 알기에 우리가 나선 것이다. 새로운 전문분야를 단기간에 확장하기란 힘든 일이다. 그렇기 때문에 우리는 도움을 주었고, 덕분에 협력 네트워크를 만드는 경험을 쌓을 수 있었다.

이런 성공 사례가 있었기에 전문병원이 우리의 제안을 받아들였고, 메디플렉스 세종병원 오픈으로 이어졌다. 예전에도 전문병원들이 모여 함께 성장해나가자는 논의가 있었지만 프로젝트를 책임지고 운영할 주체를 정하기 힘들어 무산되었다. 이번에 "세종병원이 모든 걸 책임질 테니 노하우만 공유해 달라"는 제안에 전문병원들이 화답해 성사된 것이다. 세종병원이 심뇌혈관계 외에 다른 쪽으로 확장하지 않을 거라는 믿음도 있었겠지만 전문병원들이 자신감이 있어서 참여하게 된 것이다.

우리 세대는 각자 전문성을 쌓느라 바빴지만 아들 세대는 쌓아놓은 전문성을 공유하게 되었다. 공유하면 규모는 더 커지고 실력은 배가 되니 훨씬 효율적이다. 병원들이 서로의 능력을 나누는 이유는 환자에게 좀 더 좋은 의료 환경을 제공하기 위함이다.

나이 들면 몸 여기저기가 고장난다. 눈도 나쁘고 심장도 나쁘고 폐도 나쁜데 여러 병원을 다닐 힘이 있겠는가. 한 곳에서 한꺼번에 치료할 수 있게 되어 참 다행스럽다.

메디플렉스 세종병원 설립을 결정할 때 아내도 걱정이 많았다. 내가 여러 차례 쓰러지면서 고생하는 걸 지켜봤으니 아들만큼은 현재 위치에서 안정적으로 운영하길 바라는 마음이었을 게다. 아들이 의사되는 것조차 반대한 엄마였으니 그럴 만도 했다.

하지만 아들이 "저는 꿈도 없이 안주해야 하나요. 위험이 없으면 아무 것도 안 되는 거잖아요. 도전해보고 싶습니다'라며 엄마를 설득했고, 아내는 이내 아들을 믿고 대범하고 시원한 결정을 내려주었다. 아내는 메디플렉스 부지가 완전히 확정되자 퇴진하겠다며 2014년 1월 스스로 퇴직날짜를 잡았다. 사실 그보다 2년 빠른 2012년에 그만두려했으나 그때는 메디플렉스 신축 문제가 결정되지 않아 물러날 수가 없었다고 했다. 아내는 퇴진 이유를 이렇게 밝혔다. "이제 내 머리 정도로는 세상 돌아가는데 적응하기 힘들어요. 기억력도 점점 나빠지고 능력의 한계를 느낍니다. 밀어낼 사람 없다고 월급이나 받으려고 눌러 앉아있다간 병원에 손해만 끼쳐요. 괜히 내가 앉아있으면 결재과정만 하나 더 늘어나고 일이 늦어집니다." 아내의 뜻이 완강했기에 더 이상 말릴 수 없었다. 병원에 공헌을 많이 한 아내가 스스로 그만두겠다고 하자 주변에서 더 놀랐다. 아직 건강한 데다 큰 일이 진행되고 있으니 계속 머물 법도 한데 "내 소임은 다했다"며 물러나는 걸 보면서 내 아내지만 존경스러웠다.

아들과 함께

이제 아들이 공식적으로 이사장 겸 원장이 되었다. 아들은 우리 부부에게 이런 말을 했다.

"세종병원은 운이 좋은 조직이에요. 아버지께서 심장전문 병원을 확고하게 세우시고, 어머니께서 내부 문제를 잘 갈무리 하셨어요. 제가 일하기 정말 편하게 다져주셨어요. 앞으로 더 열심히 하겠습니다."

아들 말대로 아내가 일하기 편하게 토대를 닦아 놓은 것이 매우 다행스럽다. 아내는 그동안 못한 운동도 하고 친구들도 만나면서 즐겁게 지내고 있다.

아시아 최고의 심뇌혈관센터

사람은 누구나 인정받고 싶어하는 욕구가 있다. 그것도 가까운 사람들로부터 인정받고 싶은 심리가 있다. 아내의 칭찬이 남편을 훌륭하게 하고, 엄마의 격려가 자녀를 성공시킨다고 하지 않는가. 아들의 인터뷰 기사에 나를 멘토로 생각한다는 내용이 있어 고마운 마음이 들었다.

〈제가 병원을 경영해보니 나태해지고 싶은 마음이 들 때도 있고, 이만하면 됐지 하는 생각이 들 때도 있지만 아버지를 보면서 다시 마음을 다잡습니다. 아버지는 직원들에게 책임감과 권한을 강조하셨는데 그럴 자격이 있다고 생각해요. 정해놓은 원칙에서 벗어나지 않고 스스로에게 엄격했으니 직원들도 따른 것입니다.〉

내가 너무 딱딱해서 직원들을 힘들게 했다고 생각했는데 아들이 그렇게 말해주니 위안이 되었다. 일관성과 원칙을 갖고 달려오느라 애쓴 것에 대한 평가여서 고마웠다. 아들은 세종병원에 대해서도 후한 평가를 내렸다.

〈세종병원 같은 심장병원은 앞으로도 나오기 어렵다고 생각해요. 고집

센 전문가들이 하나의 목표를 향해 움직일 수 있도록 모티베이션 시키고 거기에 맞는 시스템을 지원해 오신 일은 상상이 안갈 정도예요.〉

아들의 인터뷰 내용을 보고 마음이 흐뭇했다.

그간 내가 몰랐던 사실도 하나 알게 되었다. 서울대병원, 삼성병원, 아산병원, 가톨릭병원에서 일하는 세종병원 출신 심장전문의들이 만든 '세심회'라는 모임이 있다고 한다. 10여 명 이상 모인다는데 아들이 그 모임에 간 적이 있다. 그 자리에서 세종병원 출신 의사들이 "그 시절의 세종병원이 하드웨어적으로는 부족한 면이 있었을지 모르나 환자를 위한 뜨거운 열정, 화합은 최고였다"며 옛날을 그리워했다고 한다. "심장병이라는 질환을 중심으로 모여 협진을 했다. 과 위주가 아닌 심장센터 일원으로서 수평적 관계에서 일했다"며 각자의 병원에서 그런 시스템을 만들지 못하는 걸 안타까워했다는 것이다. 아들은 세종병원 출신 의사들이 "세종병원이 흉부외과 발전을 이루는데 큰 역할을 했고, 지금도 하고 있고, 앞으로도 해줘야 한다"는 말을 듣고 더욱 사명감을 갖게 되었다고 한다. 아들은 다른 과목은 전문병원이라고 해도 한두 개 과가 협진하면 되지만 다섯 개가 모여야 진료가 가능한 건 심장병원밖에 없다며 힘들지만 뿌듯하다고 말했다.

세심회가 우리가 뜨겁게 일했던 그 시절을 그리워하며 모인다는 소식에 가슴이 따뜻해졌다. 최고의 인재가 된 그들이 세종병원을 기억하며 높이 평가한다니 고마운 일이다.

아들은 2020년까지 아시아최고의 심뇌혈관병원을 만들기 위한 각오를 불태우고 있다. 아시아에서는 우리나라와 일본, 싱가포르, 홍콩이 톱클래

스에 속한다. 그에 앞서 아시아 최고가 되려면 우리나라 병원과 경쟁해야 한다. 사실 우리나라는 심장병에 관한한 아시아 최고 수준이다. 일본이 혈관시술 분야가 좀 더 발달한 정도이다. 일본은 공학부문이 발전하여 막힌 혈관을 뚫는 철사 같은 시술에 필요한 도구를 잘 만든다. 또한 서너 시간에 걸쳐 혈관 시술을 하는 장인정신은 일본이 좀 앞선 편이다.

세종병원이 아시아에서 가장 잘하는 건 소아심장 부분과 관상동맥 판막수술이다. 앞으로 심장이식분야와 대동맥 치료, 인공심장 분야에 박차를 가할 계획이다.

아들은 애초에 내가 당부한 두 가지 사항을 잘 지키겠다고 약속했다.

"해외어린이 환자를 수술하는 일은 세종병원의 여러 유산 가운데 가장 값진 것입니다. 세종 병원은 믿을 수 있는 병원이라는 이미지가 분명한데 그 신뢰를 제공한 가장 중요한 사안이 심장병 어린이 수술이었습니다. 환자에게 집중하는 병원이라는 귀중한 자산을 앞으로도 키워나가겠습니다."

개발도상국들도 의료수준이 높아지면서 그 나라에서 심장병 수술을 하는 예가 늘어나고 있다. 예전에는 주로 중국과 베트남의 어린이들을 데려왔는데 이제 전 세계의 아이들이 오고 있다. 매년 100명 이상의 어린이가 세종병원에 와서 수술 받는다고 생각하니 흐뭇하기만 하다.

할아버지가 척박한 의료 환경 속에서 산부인과를 개원하여 의사로서의 출발을 알렸고, 아버지인 내가 국내외 선천성심장병 어린이를 도우며 심장의료기술의 기틀을 마련했다면, 아들은 새로운 패러다임을 만들면서 국내를 넘어 해외로 뻗어가는 중이다. 해외 유수 기관과 교류하면서 아시아 최고의 심뇌혈관센터 구축을 위해 달리는 아들에게 박수를 보낸다.

에필로그

나는 참 행복한 사람이다. 내가 소망했던 심장전문병원을 개설하여 실력 있는 의사들과 함께 한국 심장환자 치료에 일익을 담당한 일에 보람을 느낀다. 또한 아들이 의사가 되어 내가 했던 일을 이어받아 해외 심장병 어린이들을 돕고 있으니 얼마나 다행인가. 게다가 둘째아들 찬식이는 설계자로서 메디플렉스의 기본 설계부터 완공 될 때까지 건축에 관한 모든 문제를 알고 문제가 생길 때 마다 해결해 주고 있다. 의좋게 일하는 두 아들을 보고 있으면 마음 든든하다.

그간 과로와 격무로 인해 육체적인 병을 얻었을 때 좌절도 하고 우울증도 앓았지만 모든 것은 지나간다. 그래서 나는 '이 또한 지나가리라'라는 말을 좋아한다. 좌절하지 않고 희망을 품으면 어려운 일도 반드시 지나간다.

병을 앓다가 다시 일어서기 위해 애쓰는 나에게 아내는 '의지의 사나이'라는 별명을 붙여주었다. 내가 다시 일어설 수 있었던 것은 말없이 대가족 살림을 책임지고 병원경영을 반석 위에 올려놓은 아내 덕분이다.

가끔 연락도 하지 않고 찾아와서 손을 덥석 잡으며 감사를 표하는 이들이 있다. 어릴 때 선천성 심장병 수술을 받은 것이 고맙다며 직접 방문한 분들이다. 때때로 감사 편지를 보내오는 이들도 있다.

어느 날 업무를 보고 내 방으로 들어가려는데 낯선 숙녀가 환하게 웃으며 나를 바라보고 있었다. 비서의 설명이 없었다면 알아볼 수 없었을 것이다. 22년 전, 다섯 살 꼬마였던 중국교포였다. 파랗게 죽어가던 울보 아이가 건강하게 자란 것을 보고 감격하여 손을 잡았다.

그날 진한 감동의 여운을 안고 업무를 보는데 한 통의 전화가 걸려왔다. 7세 때 수술 받고 살아나 32세가 된 젊은이였다. 규모는 작지만 한 회사를 꾸리는 경영자가 되었다며 성공해서 꼭 은혜를 갚겠다고 했다.

이런 기쁨, 이런 감동, 이런 여운이 나를 살아가게 하는 힘이다. 이것이 내가 앞으로 나아갈 수밖에 없는 이유이다. 수많은 생명에 불씨를 넣어주는 일, 그리고 그 불씨가 내 곁으로 돌아오는 일, 끝내 따스한 모닥불이 되어 나의 마음을 녹이는 일, 그 감동으로 인해 내 마음은 늘 따뜻하다.

이 책을 마치면서 고마운 사람들을 떠올려보니 너무도 많은 얼굴이 스쳐지나간다. 책을 출간할지 말지 망설인 5년간 꾸준히 격려하며 도와준 가족들, 이야기를 잘 다듬어주신 이재우 작가님과 이근미 작가님, 이 책의 출간을 위해 오랫동안 기다려주신 출판사 기파랑의 안병훈 회장님과 직원 여러분들 그리고 병원의 관계자 여러분께 진심으로 감사드린다.

우촌 박영관

심장병 없는 세상을 꿈꾸다

1판 1쇄 발행일 2018년 4월 13일

1판 5쇄 인쇄일 2023년 12월 24일

지은이 박영관

펴낸이 안병훈

기획 루트리북코치

펴낸곳 도서출판 기파랑

등록 2004년 12월 27일 제300-2004-204호

주소 서울특별시 종로구 대학로8가길 56(동숭동 1-49) 동숭빌딩 301호

전화 02-763-8996(편집부) 02-3288-0077(영업마케팅부)

팩스 02-763-8936

이메일 info@guiparang.com

ISBN 978-89-6523-653-5 03810